Stehpinkeln nach 22 Uhr verboten

Buch

Im Gerichtssaal kennen Fantasie und (Aber-)Witz oft keine Grenzen: Vom Aufkleber bis zum Zierfisch bietet alles Grund zur Klage und landet vor dem Kadi. Auch vor harmlosen Kaffeespezialitäten macht die Klagewut nicht Halt: So wurde der Besitzer eines Cafés wegen eines unteralkoholisierten Pharisäers (Kaffee mit Rum) verklagt, und einer McDonald's-Kundin wurden sagenhafte drei Millionen Dollar Schmerzensgeld zugesprochen, weil der Kaffee, mit dem sie sich in dem Fast-Food-Restaurant bekleckerte, heiß gewesen war. Rainer Dresen und Anne Nina Schmid decken einmal mehr ausgewählte Absonderlichkeiten auf, die vor Justitias verbundenen Augen besprochen und beschieden wurden. Keine rechtliche oder gesetzliche Absurdität, die den beiden Juristen entgeht.

Autoren

Anne Nina Schmid ist Rechtsanwältin und Verlagsjustiziarin, aufgewachsen als Landarzttochter in Reit im Winkl, der Heimat von Maria und Margot Hellwig und Rosi Mittermaier. Damit sind auch schon drei der Gründe genannt, weshalb Frau Schmid weder singt noch Ski fährt noch ein Studium gewählt hat, in dem echtes Blut vorkommt. Sie absolvierte stattdessen diverse Praktika in Medienunternehmen, u.a. beim PLAYBOY, wobei Frau Schmid Wert auf die Feststellung legt, dass sie nur im redaktionellen Bereich eingesetzt war. Im Laufe ihres Berufslebens hat sie von vielen kuriosen juristischen Begebenheiten gehört und einige sogar selbst erlebt.

Rainer Dresen ist Rechtsanwalt und Kolumnist eines Branchenmagazins. Als Verlagsjustiziar kümmert er sich um die rechtliche Unbedenklichkeit von Biographien über prominente Zeitgenossen wie Udo Jürgens, Boris Becker, Peter Handke bis hin zu Tokio Hotel, Lena Meyer-Landrut oder Justin Bieber. Er streitet sich regelmäßig mit Personen wie Günter Grass oder Gerhard Schröder und mit Institutionen wie Scientology oder der Mafia über Buchinhalte. In seiner Freizeit beschäftigt er sich mit Yoga. Seine Erfahrungen hat er beim Südwest Verlag unter dem Titel »Beim ersten Om wird alles anders« verarbeitet.

Rainer Dresen
Anne Nina Schmid

Stehpinkeln nach 22 Uhr verboten

Die neuesten skurrilen Gesetze, Klagen & Urteile

Bassermann

MIX
Papier aus verantwortungsvollen Quellen
FSC® C014496
www.fsc.org

Verlagsgruppe Random House FSC® N001967
Das für dieses Buch verwendete FSC®-zertifizierte Papier *MünchenSuper* liefert Arctic Paper Mochenwangen GmbH.

ISBN: 978-3-8094-3199-2

1. Auflage

Umschlaggestaltung: Atelier Versen, Bad Aibling
Projektleitung: Martha Sprenger
Herstellung: Sonja Storz

Druck und Bindung: GGP Media GmbH, Pößneck

Printed in Germany

Inhalt

Kurioses aus der Arbeitswelt

Auch häufige »Sitzungen« gehören zum Anwaltsjob

In einem Urteil aus dem Jahr 2009 stellte das Arbeitsgericht Köln fest, dass es noch im Rahmen des Zulässigen sei, wenn ein angestellter Anwalt einen nicht unerheblichen Teil seiner Arbeitszeit, nämlich knapp sechseinhalb Stunden in einem Zeitraum von 16 Tagen, weitgehend unproduktiv auf der Kanzleitoilette verbringt. Vor Gericht kam die Angelegenheit, weil der Kanzleiinhaber den Kollegen schon länger im Verdacht hatte, schwierige Fälle lieber »auszusitzen«, anstatt sie tatkräftig zu bearbeiten. Deshalb hatte er eine Kanzleiangestellte beauftragt, die Toilettenbesuchsdauer des vermeintlichen Drückebergers minutiös zu protokollieren, um ihm die Fehlzeiten vom Gehalt abziehen zu können. Zu seiner Verteidigung hatte der auf Gehaltsnachzahlung klagende Jurist angegeben, dass er in der fraglichen Zeit im Mai 2009 an besonders langwierigen Verdauungsstörungen litt.

Aus Mangel an verwertbaren Beweisen für die dem Mitarbeiter vom Chef vorgeworfene bewusste Arbeitsverweigerung gab das Gericht der Zahlungsklage statt. (Arbeitsgericht Köln)

Wer als strafgefangener Anwalt Rechtsberatung erteilt, wird mit Arrest bestraft

Ein zu einer mehrjährigen Haftstrafe verurteilter Anwalt wollte vielleicht nicht aus der Übung kommen oder auch nur Mithäftlingen einen Gefallen tun. In fünf Fällen beriet er sie bei der Abfassung von deren Korrespondenz mit deren Anwälten, dem Gericht und der Ausländerbehörde. Wegen »erheblicher Störung der Sicherheit und Ordnung der Vollzugsanstalt durch Schaffung subkultureller Abhängigkeiten« wurde er zu drei Tagen verschärften Arrests verurteilt. Die dagegen angerufenen Gerichte bestätigten die Disziplinmaßnahme als schuldangemessen. (Bayerischer Verfassungsgerichtshof)

Die Porno-Mail als Dienstunfall

Der Leiter einer nordrhein-westfälischen Behörde hatte es sich zur schönen Gewohnheit gemacht, seine Untergebenen mit Mails nicht nur dienstlichen Inhalts zu erfreuen. Hin und wieder versandte er offenbar zur Erheiterung auch Porno-Mails an seine Abteilung. Beim Betrachten einer als solche vor dem Öffnen der elektronische Post nicht zu erkennenden Mail mit »abstoßenden Darstellungen weiblicher Geschlechtsorgane« erlitt einer seiner Mitarbeiter einen Dienstunfall. Von einem medizinischen Sachverständigen wurde bei dem Beamten eine durch die Mail hervorgerufene Gesundheitsstörung diagnostiziert, die sich dadurch äußerte, dass der Staatsdiener eine Zwangsstörung in Form von »Zwangsgedanken« erlitt. Seine vorgesetzte Behörde wollte die während der Dienstzeiten vom Vorgesetzten erhaltene Porno-Mail aber nicht als Ursache für dessen Arbeitsunfähigkeit anerkennen, weshalb das zuständige Verwaltungsgericht einschreiten und das beklagte Land zur Übernahme der Behandlungskosten und möglichen Spätfolgen dieses Dienstunfalls verurteilen musste. (Verwaltungsgericht Düsseldorf)

Kein Hasen-Witz: Lehrerin verklagt Schülerin

Was andere vielleicht niedlich finden, brachte eine Realschullehrerin aus Vechta auf die Palme und eine ihrer Schülerinnen vor Gericht. Von einer Erdkunde- und Deutschlehrerin der zehnten Klasse hieß es im Schülerkreis, dass sie beim Anblick von Hasen durchdrehe. Das wollte eine Schülerin genauer wissen. Eines Morgens malte sie vor Unterrichtsbeginn einen Hasen an die Tafel. Als die Lehrerin das Klassenzimmer betrat und die Hasenzeichnung sah, sei sie, so eine als Zeugin vor Gericht geladene Mitschülerin, schreiend aus dem Raum gelaufen. Die Lehrerin hatte sich nach dem Vorfall arbeitsunfähig krankschreiben lassen und die Schülerin verklagt. Die Pädagogin verlangte von der Schülerin vor Gericht, dass diese künftig keine Hasenbilder mehr zeichnet und nicht mehr behauptet, die Lehrerin reagiere überempfindlich auf Hasenzeichnungen. (Amtsgericht Vechta)

»Ossis« sind kein Volksstamm und dürfen deshalb ungestraft diskriminiert werden

Zu dieser Erkenntnis kam das Stuttgarter Arbeitsgericht im Anschluss an die Klage einer seit 22 Jahren im Westen lebenden Ostberlinerin. Diese hatte sich bei einem schwäbischen Fensterbauunternehmen als Buchhalterin beworben. Ihre Bewerbung wurde abgelehnt, auf den zurückgeschickten Bewerbungsunterlagen entdeckte sie den Vermerk »(-) Ossi«. Dies weckte bei der Frau den Verdacht, dass sie aus unsachlichen Gründen, nämlich nur wegen ihres Geburtsortes in der ehemaligen DDR, abgelehnt worden war. Sie verklagte das Unternehmen unter Hinweis auf eine nach dem Allgemeinen Gleichbehandlungsgesetz (AGG) unzulässige Diskriminierung auf Einstellung. Die Firma verteidigte sich damit, dass es sich bei »(-) Ossi« um eine interne Notiz handele. Sie bedeute lediglich, dass die Klägerin leider nicht über die erforderliche Qualifikation verfüge, nicht anders sei das »(-)« zu lesen. Der Begriff »Ossi« sei im intern zu verstehenden Kommentar ausschließlich positiv gemeint gewesen, denn das Unternehmen habe sehr gute Erfahrungen mit allerdings nicht näher bezeichneten Mitarbeitern aus Ostdeutschland gemacht.

Das Gericht wies die Klage ab. Zwar könne der Vermerk als diskriminierend verstanden werden. Nicht jede abwertende Bemerkung aber sei nach dem AGG verboten, sondern nur solche über die ethnische Herkunft. Um eine solche handele es sich vorliegend aber nicht, da der Oberbegriff »Ossis« – anders als z.B. Sachsen oder Thüringer – keinen eigenen Volksstamm charakterisiere. (Arbeitsgericht Stuttgart)

Wortwörtlich in die Tonne gekloppt

Davon hatte der Sachbearbeiter bei der Bußgeldstelle vielleicht schon lange geträumt: Als sich sein Kollege bei der Teamleiterin erkundigte, was denn eigentlich mit all den verjährten Polizeianzeigen geschehen solle, antwortete diese, dass man die »in die Tonne kloppen« könne, da ja nichts mehr zu holen sei. Als der Sachbearbeiter dies erfuhr, warf er sogleich über hundert Akten »zur vereinfachten Abwicklung« in den Schredder.

Gegen seine darauf umgehend erfolgende fristlose Kündigung war leider auch der Gang vor das Arbeitsgericht erfolglos. Denn selbst wenn die Teamleiterin tatsächlich eine solche Aussage gemacht hätte, habe dies höchstens umgangssprachlich ausgedrückt, dass diese Fälle eben nicht mehr zu realisieren seien. Dass die Akten aber trotzdem noch drei Jahre aufbewahrt werden müssten, hätte dem Mann bekannt sein müssen. (Landesarbeitsgericht Hamm)

Verletzung der Menschenwürde durch Zwangsduzen?

Fast 20 Jahre war der Mann Mitarbeiter im selben Bekleidungsunternehmen gewesen, zuletzt sogar als Abteilungsleiter einer Filiale, als diese von einem großen schwedischen Bekleidungskonzern (hm, welcher wohl ...) übernommen wurde. Da änderte sich nicht nur schlagartig das Sortiment der angebotenen Kleidung, die Schweden führten zum Abbau von Hierarchien auch gleich das »Du« für die gesamte Belegschaft ein. Das Zwangsgeduze ertrug der Mitarbeiter zunächst. Offenbar aber nur widerwillig, denn knapp zwei Jahre später verlangte er, dass alle Kollegen ihn fortan nur noch mit »Sie« anzusprechen hätten. In Deutschland habe er schließlich ein Recht darauf, nach den »allgemein üblichen Umgangsformen« angeredet zu werden.

Seine Klage wurde abgewiesen. Zwar könne man in

Deutschland durchaus frei wählen, ob man mit »Du« oder »Sie« angeredet werden wolle, dieses Selbstbestimmungsrecht fände aber seine Grenzen durch eine entsprechende Einwilligung oder auch gewisse Gebräuche. Nach Meinung des Gerichts müssten es sich z.B. Gewerkschaftsmitglieder, Bauarbeiter in einer Kolonne oder Sportler in einem Team gefallen lassen, geduzt zu werden. Und im vorliegenden Fall habe der Kläger eben von Anfang an das »Du« akzeptiert, dies könne nun nicht mehr rückgängig gemacht werden.

Interessant ist, dass offensichtlich auch bei den Schweden dann irgendwann Schluss mit »Du« ist: Eine Abmahnung, die der Kläger wegen einer anderen Sache erhalten hatte, war durchwegs in der »Sie«-Form abgefasst ... (Landesarbeitsgericht Hamm)

Klei mi ann Mors!

Würde man diesen Spruch einem Bayern an den Kopf werfen, würde der vielleicht noch antworten: »Wos host gsogt?«, sich ansonsten aber wohl nicht weiter darum kümmern und gelangweilt abwenden. Nicht so in Norddeutschland! Dort bewog dieser Satz eine Vorgesetzte dazu, dem Sachbearbeiter fristlos zu kündigen, der damit eine hitzige Debatte beendet hatte, die wegen eines ihm nicht bewilligten Urlaubsantrags entbrannt war. Auch seine anschließende Entschuldigung half dem Mann da nichts mehr, denn die Frau empfand den Ausspruch als solch grobe Beleidigung, dass ihr eine Fortsetzung des Arbeitsverhältnisses unter diesen Umständen nicht mehr zumutbar erschien.

Die Hamburger Richter durften sich nun damit auseinandersetzen, was denn der ungeheuerliche Ausspruch »Klei mi ann Mors!« wirklich bedeutete. Unzweifelhaft handelt es sich dabei um Plattdeutsch. Die Vorgesetzte meinte, dass dies mit »Leck mich am Arsch« zu übersetzen sei. Laut Gericht irrte sie damit jedoch – vielmehr laute die Übersetzung ins Hochdeutsche: »Kratz mich am Hintern.« Zwar sei auch diese Äußerung ungehörig, da unhöflich, und ein solcher Ton verbiete sich gegenüber Vorgesetzten, zumal wenn es sich um eine Frau handle. Eine Kündigung rechtfertige das in diesem Fall trotzdem noch nicht, da der Angestellte sich bisher stets tadellos benommen und hier auch in aller Form entschuldigt habe und die Äußerung auch nicht in Gegenwart Dritter gefallen sei. (Arbeitsgericht Hamburg)

Buchhändlerin mit schlagenden Argumenten

Den meisten Männern ist bekannt, dass zu den Waffen der Frauen in nicht geringem Umfang das Wort gehört. Dies trifft offenbar in besonderer Weise auf Buchhändlerinnen zu. Diese Erfahrung musste im April 2010 ein Mann machen, der kurz vor Ladenschluss eine Kasseler Buchhandlung betrat. Wie leider bei vielen Männern üblich, stand ihm der Sinn nicht primär nach Lesestoff. Anders als bei vielen seiner Geschlechtsgenossen gehörte aber auch reden nicht zu seinen Stärken. Erst auf wiederholte Nachfrage der Buchhändlerin, womit ihm denn geholfen werden könne, konnte das Begehren des Mannes verstanden werden: »Kasse auf, machen Sie die Kasse auf«, so die gemurmelte Forderung des Mannes. Seinen Wunsch, der bar jeder Kenntnis der wirtschaftlichen Gegebenheiten im Bucheinzelhandel scheint, unterstrich der Täter dadurch, dass er ein Messer aus seiner Tasche zog. Wenig beeindruckt davon zeigte sich aber die Buchhändlerin, die beherzt in die Verkaufsauslage griff, ein besonders dickes Buch packte und damit auf den sich nun eigenhändig an der Kasse zu schaffen machenden Täter einzuschlagen begann. Dieser konnte die Kasse nicht öffnen und flüchtete mit dem Satz »Das gibt's doch nicht« vom Tatort.

Wer vom Büro frustriert ist, darf drüber schreiben, er muss nur übertreiben

Der 51 Jahre alte Vertriebssachbearbeiter eines Herstellers von Küchenmöbeln schrieb einen Roman mit dem Titel »Wer die Hölle fürchtet, kennt das Büro nicht« über die angeblich fiktiven Büroerlebnisse eines Sachbearbeiters in einem Unternehmen, das Küchenmöbel produziert. Das Buch beschreibt die Erlebnisse des Icherzählers mit seinem Kollegen »Hannes«, der gerne mal kifft (»hat alles geraucht, was ihm vor die Tüte kam«), mit der Kollegin »Fatma«, sie »erfülle so manches Klischee, was man allgemein von Türken pflegt: ihre krasse Nutzung der deutschen Sprache und auch ihr aufschäumendes Temperament. Leider steht ihr Intellekt genau diametral zu ihrer Körbchengröße«. Der Juniorchef »Horst« kommt auch vor. »Er ist ein Feigling! Er hat nicht die Eier, jemandem persönlich gegenüberzutreten, dafür schickt er seine Lakaien.« Als der Autor sein Buch auch noch während der Arbeitszeit Kollegen zum Kauf anbot, zeigte sich, dass der reale Chef dann doch tatkräftiger war als der Romanchef. Kurzerhand kündigte er dem Autor fristlos. Es sei nicht hinzunehmen, dass der in seinem Buch Mitarbeiter beleidige und ausländerfeindliche und sexistische Äußerungen über Kollegen und Vorgesetzte veröffentliche. Durch den Roman sei der Betriebsfrieden erheblich gestört worden. Zahlreiche Romanfiguren seien nämlich als tatsächlich existierende Personen zu identifizieren. Verschiedene Arbeitnehmer hätten sich persönlich angegriffen gefühlt, eine Mitarbeiterin habe sich in ärztliche Behandlung begeben müssen.

Die Arbeitsgerichte haben die Kündigung für unwirksam erklärt. Der Autor könne sich auf die Kunstfreiheit berufen. Das Buch sei als Roman und nicht als Tagebuch anzusehen. Dies vor allem, weil selbst der Arbeitgeber zugeben musste, dass nicht alle im Buch beschriebenen Storys und Personen der Realität entsprachen, sondern deutlich übertrieben waren. (Landesarbeitsgericht Hamm)

»Jawohl, mein Führer« ist kein Kündigungsgrund

Der Abteilungsleiter eines Lebensmittelunternehmens führte ein Telefonat mit der Sekretärin des Verkaufsleiters, seines Vorgesetzten. Die offenbar sehr resolute Dame erinnerte den Abteilungsleiter in forschem Tonfall an fällige Umsatzmeldungen. »Der Chef erwartet umgehenden Vollzug«, lautete ihre Anweisung. Daraufhin antwortete der Abteilungsleiter mit dem sarkastischen Spruch »Jawohl, mein Führer«. Die Sekretärin ging sofort zum Chef und beschwerte sich über den Mann. Daraufhin entschuldigte sich der Abteilungsleiter bei der Sekretärin und stellte klar, dass er mit dem missglückten Satz nur auf den Befehlston der ihm eigentlich untergeordneten Dame reagieren wollte. Das half alles nichts, ohne vorherige Abmahnung sprach ihm der Vorgesetzte eine fristlose Kündigung aus.

Die dagegen eingereichte Klage war sowohl vor dem Arbeitsgericht Koblenz und auch in zweiter Instanz erfolgreich. Die Gerichte sahen zwar in der Anrede »Jawohl, mein Führer« eine nicht akzeptable Beleidigung. Daran ändere auch die Rechtfertigung des Klägers nichts, die Gesprächspartnerin habe sich in einem scharf geführten Telefonat ihm gegenüber im Ton vergriffen; mit einer humorvoll gemeinten Anspielung habe er auf den als anmaßend empfundenen Befehlston reagieren wollen. Einen Grund für eine Kündigung, auch nicht für eine fristgemäße, stelle das Verhalten aber nicht dar. Unter Beachtung des im Arbeitsrecht geltenden Prinzips der Verhältnismäßigkeit wäre stattdessen eine Abmahnung als milderes Mittel gegenüber der Kündigung angemessen und ausreichend gewesen, wie es im Urteil des Landesarbeitsgerichts heißt. (Landesarbeitsgericht Rheinland-Pfalz)

Angestellte im öffentlichen Dienst dürfen als Zuhälter arbeiten, solange ihr Dienstherr nicht darunter leidet

Zu dieser Erkenntnis gelangte das Bundesarbeitsgericht. Ein Straßenbauarbeiter wurde wegen gemeinschaftlicher Zuhälterei und Körperverletzung zu einer Bewährungsstrafe verurteilt. Gegen die im Anschluss daran ausgesprochene Kündigung seines Anstellungsverhältnisses klagte er vergeblich. Zwar sei es nicht per se verwerflich, als öffentlich besoldeter Angestellter im Nebenberuf als Zuhälter zu arbeiten. Ein Fehler war aber, dass er im Strafverfahren als Begründung für sein Fehlverhalten angab, dass er aufgrund der niedrigen Besoldung als Angestellter gar nicht anders habe handeln können, als im Nebenberuf Straftaten zu begehen. Wer seinen Arbeitgeber für Straftaten mitverantwortlich mache, habe die Grenzen des Zumutbaren überschritten. (Bundesarbeitsgericht)

Reisender Rentner attackiert unschuldigen Busfahrer

Ein 78-jähriger Rentner aus Freiburg wollte doch nur schnell und vor allem in Ruhe an den Gardasee fahren. Daran gehindert fühlte er sich von dem Fahrer des Reisebusses, der ihn und andere Teilnehmer seiner Reisegruppe in den Süden befördern sollte. Der ältere Herr fühlte sich nach eigenen Angaben bei zunehmender Fahrtdauer vom »unnötigen Gelaber« des Busfahrers genervt, zudem habe er begründete Zweifel daran gehegt, dass die vom Chauffeur gewählte Reiseroute geeignet war, die Gruppe wie geplant noch am Abend ans Ziel zu führen. Das jedenfalls brachte der Ruheständler bei seiner polizeilichen Vernehmung als Grund dafür vor, dass er den Fahrer – während der Fahrt – als Zeichen seiner Unzufriedenheit mehrmals so mit seinem Spazierstock auf den Hinterkopf schlug, dass dieser gerade noch einen Parkplatz ansteuern konnte, bevor er ins nächstgelegene Krankenhaus gebracht werden musste.

Wenn Briefe baden gehen

Postboten geht es nicht anders als anderen Arbeitnehmern auch: Manchmal ist ihnen einfach alles zu viel. Diesem Gefühl gaben zwei Briefzusteller auf ganz besondere Weise Ausdruck: Ein Kölner musste an einem kalten, eisigen

Morgen mit seinem Fahrrad durch die vereisten Straßen seines Bezirks fahren. Als er innerhalb kurzer Zeit zweimal vom Rad fiel, erklärte er kurzerhand seinen Arbeitstag für beendet. Die über 400 Briefe, die er noch auszutragen hatte, warf er in einen Teich. Ebenfalls ins Wasser fiel eine andere Briefpost. Ein Zusteller aus Landshut hatte mehr Probleme mit Sonne als mit Eis. An Sommertagen wusste er Besseres mit seiner Zeit anzufangen, als von Haus zu Haus zu eilen. Gerne legte er sich dann an die Isar; die ihm anvertrauten Briefe machte er zur Postwurfsendung: Sie landeten im Fluss. Beiden Männern wurde gekündigt, sie wurden auch wegen Verstoßes gegen das Briefgeheimnis verurteilt, obwohl doch das Wasser die jeweiligen Geheimnisse fortriss. (Amtsgericht Köln)

Fußballtorwart Tim Wiese will seinen Kollegen Jens Lehmann in die Muppet-Show schicken

Ex-Nationaltorwart Jens Lehmann hatte in seiner aktuellen Rolle als Fernsehkommentator seinen Kollegen Tim Wiese wegen dessen Leistung im Champions-League-Spiel von Werder Bremen am 14. September 2010 gegen Tottenham Hotspur (2:2) im Fernsehen mit den Worten kritisiert: »Wenn er einen Schritt rausgeht, kann er den Ball abfangen. Er hätte sich nicht an den Pfosten klammern, sondern mutiger rausgehen sollen. Er kann es auf jeden Fall besser machen.« Auf diese Bewertung seiner Leistung angesprochen, machte Wiese dem bekannten Spruch alle Ehre, wonach im Fußball neben den Linksaußen die Torhüter ganz besondere Charaktere sind: Wiese äußerte sich laut »Bild« über Lehmann mit den Worten: »Der Lehmann soll in die

Muppet-Show gehen. Der Mann gehört auf die Couch. Vielleicht wird ihm da geholfen. Einweisen – am besten in die Geschlossene!« Daraufhin verklagte Lehmann, der wegen diverser Verhaltensauffälligkeiten während seiner aktiven Zeit bei Arsenal in London in der britischen Presse »Mad Jens« genannte wurde, Wiese auf Unterlassung jener Passage und auf Zahlung eines Schmerzensgeldes von 20.000 Euro. »Ich kann es nicht hinnehmen, als geistesgestört hingestellt zu werden«, erläuterte Lehmann seinen Schritt. Nachdem Wiese außergerichtlich versichert hatte, die Äußerungen nicht mehr zu wiederholen, ging es vor Gericht nur noch um die Frage, ob die Wiese-Aussage nicht nur eine Unterlassung, sondern auch die Zahlung eines Schmerzensgeldes rechtfertigte. Das Landgericht München sah dies skeptisch und regte einen Vergleich an, wonach die Klage zurückgenommen und die Gerichtskosten geteilt werden sollten. Dem widersetzten sich sowohl Kläger als auch Beklagter, weil dann ja nicht klar werde, wer letztlich gewonnen habe, erklärten die Anwälte der beiden offenbar auch außerhalb des Spielfelds äußerst ehrgeizigen Fußballprofis. Daraufhin wies der Richter die Klage ab. (Landgericht München II)

Kurioses Land Schweiz

Die Schweiz ist ein kurioses Land. Dort gibt es für Deutsche ungewohnte Begriffe, Orte und ungewöhnliche Regeln.

Kuriose Begriffe aus der Schweiz

Wer nach einer »Ständerlampe« fragt, arbeitet nicht als Pornodarsteller im Schummerlicht, sondern ist Schweizer und sucht nur eine Stehleuchte. Wer nach einem »Mödeli Anke« fragt, wünscht nur ganz unverfänglich ein Stück Butter. Wer »Spargeln« will, hat ebenfalls nur lautere Motive, nämlich Hunger, denn so lautet in der Schweiz der Plural von Spargel. Wer »Summervögel« sieht, meint Schmetterlinge, wer an seinem Gegenüber »Merzedräck« feststellt, freut sich nur an dessen Sommersprossen, und wer »Mistkratzerli« mag, isst gerne Hühnchen.

Kuriose Orte in der Schweiz

Alp Arsch, Alm im Kanton St. Gallen
Böse Tritt, Berg im Kanton Bern
Chäs u Brot (Käse und Brot), Weiler im Kanton Bern
Erde, Dorf im Kanton Wallis

Esel, je ein Berg in den Kantonen Bern, Obwalden, Glarus
Galgenen, Gemeinde im Kanton Schwyz
Hängst, Berg im Kanton Schwyz
Himmelsleiterli, Gasse in Zürich
Höch-Chaschte (Hoher Kasten), Berg in den Kantonen Appenzell Innerrhoden/St. Gallen
Hosenruck, Dorf im Kanton Thurgau
Im Löchli, Straße in Bottighofen (Kanton Thurgau)
Jammertal, Weiler im Kanton Luzern
Kriechenwil, Gemeinde im Kanton Bern
Küssnacht, Gemeinde im Kanton Schwyz
Lachen, Gemeinde im Kanton Schwyz
Le Grand Sex, Berg im Kanton Waadt
Männlichen, Berg im Kanton Bern
Medels im Rheinwald, Dorf im Kanton Graubünden
Mörder, Berg im Kanton Glarus
Mösli, Weiler im Kanton Bern
Muhen, Dorf im Kanton Aargau
Nase, Berg im Kanton Wallis
Obere Stock, Berg im Kanton Wallis
Ofen, je ein Berg in den Kantonen Obwalden, St. Gallen, Glarus/Graubünden
Paradieshüreli, Berg im Kanton Graubünden
Rotzloch, Gemeinde im Kanton Luzern
Rund Loch, Berg im Kanton Uri
Sack, Weiler im Kanton Zürich
Sex Noir, Berg im Kanton Wallis
Tanzboden, Berg im Kanton St. Gallen
Unterwasser, Dorf im Kanton St. Gallen
Wintersingen, Gemeinde im Kanton Basel-Landschaft

Kuriose Regeln in der Schweiz

In Appenzell Innerrhoden darf man auch mit dem Gewehr wählen

»Als Stimmrechtsausweis gilt die Stimmkarte, für Männer auch das Seitengewehr.« – Art. 8 der »Verordnung über die Landsgemeinde und die Gemeindeversammlungen« des Kantons (Aktuelle Fassung seit 11. März 1991). Bis 1991 das Frauenwahlrecht auf kantonaler Ebene eingeführt wurde, war das Seitengewehr (ein in der Familie über Generationen weitergegebener Degen) der einzige Stimmrechtsausweis.

In Appenzell Außerrhoden bleibt nach einem Gerichtsurteil künftig die Hose an

Dieser Grundsatz gilt seit einem Urteil des Obergerichts des Kantons in Trogen aus dem Jahr 2009 für all die, welche den Werbeslogan des lokalen Tourismusamts »Ruhe und Erholung in ihrer ursprünglichsten Form« allzu wörtlich nehmen und ursprünglich-nackt in der freien Natur umherwandern wollen. Nacktwandern über Almen und Wiesen verstoße grob gegen Sittlichkeit und Anstand, so die Juristen des Berufungsgerichts. Gegenteiliger Ansicht war noch das erstinstanzliche Kantonsgericht gewesen. Es hatte einen Naturfreund vom Vorwurf des »unanständigen Benehmens« freigesprochen. Er war unbekleidet (wie der Schweizer sagen würde »sein Schnäbi zeigend«) an einem Grillplatz und an einem christlichen Rehabilitationszentrum für Drogenabhängige vorbeigelaufen und von einer

Frau entdeckt und angezeigt worden. Die Staatsanwaltschaft legte gegen den Freispruch Berufung ein und mahnte schon vor der Berufungsverhandlung, dass der Kanton nicht zum Mekka unbekleideter Bergsportler werden dürfe.

Auch in Appenzell Innerrhoden steht auf Nacktsein Busse

Nachdem eine Gruppe von Bergsportlern den Nachbarkanton Appenzell Innerrhoden zum idealen Nacktwanderrevier auserkoren hatte, reagierten dessen Kommunalpolitiker prompt und erließen ebenfalls im Jahr 2009 ein »Übertretungsstrafgesetz«, das denjenigen, der »sich öffentlich ein anstössiges, Sitte oder Anstand verletzendes Verhalten zuschulden kommen lässt«, mit »Busse in Höhe von 200 Franken« bestraft.

Die Schweizer Bergbahn wirbt mit der Aussicht auf nackte Tatsachen am Chäserrugg

Viel liberaler und damit vermutlich zumindest nach Ansicht der Staatsanwaltschaft von Appenzell Außerrhoden schon eher nach Mekka klingt, was aus dem Kanton St. Gallen bekannt wurde. Nicht nur die Aussicht auf Steinböcke und Adler, wie die Natur sie schuf, sondern auch auf Wanderer im naturbelassenen Zustand soll Gäste in die Toggenburger Bergbahn locken. Dafür installierte das findige Schweizer Unternehmen eigens sechs Feldstecher in seinen Waggons. Der Bahnbetreiber erklärte, dass er seinen Kunden bereits während der Bergfahrt auf den Chäserrugg »tolle Aussichten« präsentieren wolle. Mit sechs fest installierten Feldstechern könne die Natur aus unmittelbarer Nähe beobachtet werden: »Steinböcke, Gämsen, Adler und vielleicht auch einige Nacktwanderer machen die Fahrt mit der Luftseilbahn zum Erlebnis pur«, wirbt das Unternehmen. Es böten sich dem Besucher unterwegs zu den Bergspitzen »fantastische Aussichten auf die unberührte Natur«.

Polizeistreik auf die Schweizer Art

Die Genfer Polizei-Gewerkschaft hatte Anfang 2011 zum Streik aufgerufen, weil sie sich von der Kantonsregierung nicht genügend respektiert fühlte. Sie beklagte sich über zu viel Verwaltungskram, der sie von der Arbeit vor Ort abhalte. Als Zeichen ihres Protestes patrouillierten die Genfer Polizistinnen und Polizisten nur noch in Zivilkleidung, hatten aber ihre Pistolengurte umgelegt. Außerdem fühlten sie sich »nicht mehr verpflichtet, sich zu rasieren sowie Piercings oder Ohrringe abzulegen«.

Damit verstießen die Gendarminnen und Gendarmen eklatant gegen das Genfer Personalreglement, wonach Polizisten zum sicheren Halt der Polizei-Atemschutzmaske glatt rasiert zur Arbeit zu erscheinen haben. Der Präsident des Genfer Polizeiverbandes, Brigadier Christian Antonietti, ging mit gutem Beispiel voran und entschied sich für einen Viertagebart. Er teilte mit: »Wir wollen damit ein sichtbares Zeichen der Unzufriedenheit setzen.« Die Bevölkerung war trotz des zunehmend legeren Auftretens der Polizisten nicht unglücklich über das Verhalten der Beamtinnen und Beamten. Dies wohl vor allem deshalb, weil während des Streiks keine Strafzettel mehr verteilt wurden. Nachdem der Staatsrat sich für bessere Arbeitsbedingungen der Polizisten eingesetzt hatte, kehrte nach drei Wochen die altgewohnte Disziplin und Ordnung ein: Bärte und Piercings wurden abgelegt, die Uniformen wieder aus dem Schrank geholt.

Ich glaube, mein Schwein duscht

Auch beim Tierschutz geht die Schweiz eigen(willig)e Wege. Unter der Überschrift »Sozialkontakt« regelt die Tierschutzverordnung, dass Hunde »täglich ausreichend Kontakt mit Menschen haben« müssen. Hin und wieder haben insbesondere Kampfhunde diesen Anspruch zu großzügig ausgelegt und friedliche Schweizer angefallen. Trotz entsprechender Bemühungen wurde aber das Halten von Kampfhunden bislang nicht unter Strafe gestellt. Das Gesetz verlangt nunmehr aber, dass Besitzer gefährlicher Hunde Kurse für die Erziehung ihrer Lieblinge absolvieren müssen.

Sorgsam geht man in der Schweiz mit den hier liebevoll »Meersäuli« genannten Meerschweinchen und mit Wellensittichen, aber auch mit Lamas und Yaks um. Damit sich alleinstehende Exemplare dieser Spezies nicht einsam fühlen, ist es in der Schweiz verboten, diese Tiere ohne Partner zu halten.

Schafe und Ziegen haben kein Anrecht auf Gesellschaft, können aber verlangen, dass sie zumindest Sichtkontakt zu Artgenossen haben.

Bei Pferden wird differenziert: Sie sollen einerseits ihre Pferdekumpels sehen, riechen und hören können, andererseits muss ihnen eine Rückzugsmöglichkeit geboten werden. Man darf sie nicht anbinden und hat ihnen täglich Auslauf zu gewähren. Ausgenommen sind die bedauernswerten Pferde, »die sich im Militäreinsatz« befinden. Wenn es um Fragen der Landesverteidigung geht, muss ein

Pferd es schon mal aushalten, drei Wochen am Stück angebunden zu werden und vier Wochen ohne Auslauf zu sein.

Militäreinsätze für Schweizer Ziegen sieht die Tierschutzverordnung derzeit nicht vor. Deshalb haben sie ausnahmslos Anspruch auf 170 Tage Auslauf pro Jahr. Damit hier nicht getrickst wird, ist der Auslauf eigens in einem »Auslaufjournal« einzutragen, vermutlich aber nicht von der Ziege selbst.

Schutzlos bleiben nicht einmal Goldfische. Diese haben zwar kein Recht auf stumme Gesellschaft, man darf sie aber nicht lebend die Toilette hinunterspülen. Sie müssen vorher erschlagen werden.

Auch die bisher im rechtsfreien Raum stattfindende Haltung von Katzen wurde geregelt. So müssen in der Umgebung jeder Katze Kletter-, Kratz- und Beschäftigungsmöglichkeiten vorhanden sein sowie erhöhte Ruheflächen und Rückzugsmöglichkeiten. Und jede Katze hat Anspruch auf ein eigenes Katzenklo, auf Umgang mit Menschen oder zumindest »Sichtkontakt mit Artgenossen«.

Grund zur Freude über die Novellierung der Schweizer Tierschutzverordnung haben auch Schweine. Ihnen muss künftig die Möglichkeit gegeben werden, sich in einer »Abkühlungsanlage« erfrischen zu können. Ob sie alleine oder in schweinischer Gesellschaft duschen dürfen, bleibt aber ungeregelt.

Stehpinkeln ab 22 Uhr verboten?

Londons Bürgermeister Boris Johnson weiß offenbar genau, wovor britische Banker Angst haben. Vor einem Stehpinkelverbot. Um Londoner Broker davon abzuhalten, um der

Steuervorteile willen in die Schweiz auszuwandern, teilte er mit, dass sich seines Wissens nach Männer, die gerne im Stehen pinkeln, in einigen Kantonen der Schweiz nach 22 Uhr hinsetzen müssten. So solle verhindert werden, dass sie durch die Lärmentwicklung ihre Nachbarn aufwecken. Mit diesem Vorwurf konfrontiert, ließ sich der Berner Nationalrat mit dem schönen Namen Christian Wasserfallen aber nicht so leicht ans Bein pinkeln. Zumindest für seinen Kanton wollte er ein derartiges Verbot ausschließen: »Beim Berner Zytglogge-Turm hat es eines der ältesten Steh-Pissoirs der Schweiz.« Davon, dass er selbst es auch nach 22 Uhr noch frequentiere, sagte er aber nichts. Auch sein ehemaliger Nationalratskollege Blocher war sich eines Verbots nicht bewusst und gestand freimütig: »Ich pinkle regelmäßig nach 22 Uhr, und das auch im Stehen.«

Auf Singen steht die Todesstrafe

Kuriose Verbote haben in der Schweiz eine lange Tradition. Das mehr als 250 Jahre alte »Guggenberglied« ist wohl das älteste Volkslied der Schweiz. Ganz sicher aber ist es das traurigste, denn es beschreibt die angeblich wahre Geschichte der unglücklichen Liebe von »Vreneli und Hans-Jakobeli«. Deshalb war das Absingen des Liedes den in französischen Diensten stehenden Berner Söldnern bei Todesstrafe verboten – weil sie erfahrungsgemäß vom Heimweh übermannt wurden und umgehend den Dienst quittieren und in ihre Heimat flüchten wollten. Ob das Verbot und die strenge Strafe auch noch für die letzten heutzutage aktiven Schweizer Söldner, die Schweizer Garde des Papstes, gelten, ist nicht bekannt.

Das große Rechtsquiz, Teil 1

1. Was ist eine Wahlschuld?
   a) schuldhaftes Verfälschen von Wahlergebnissen
   b) parteiinternes Aufarbeiten von enttäuschenden Wahlergebnissen
   c) Wahlmöglichkeit des Gläubigers, welche Leistung von ihm zu erbringen ist

2. Was bezeichnet eine Montageverpflichtung?
   a) zulässige Regelung in Arbeitsverträgen, wonach montags keine Gleittage genommen werden dürfen
   b) Vertrag, bei dem sich der Verkäufer verpflichtet, den Kaufgegenstand auch zu montieren
   c) Trend zur Ein-Tage-Arbeitswoche

3. Was versteht man unter Vertretenmüssen?
   a) Auswirkung des Pflegenotstands – Patienten wird über einen längeren Zeitraum keine Bettpfanne gereicht (rechtlich als Verletzung des Pflegevertrags zu qualifizieren)
   b) gesetzliche Pausenregelung für Busfahrer
   c) Einstehen für eine Rechtsverletzung

4. Was ist unter einer Zölibatsklausel zu verstehen?
   a) Begriff aus dem Kirchenrecht; vertragliche Klausel, die ein Priester vor seiner Weihe unterzeichnet
   b) Vereinbarung im Arbeitsvertrag, wonach im Falle der Eheschließung des Arbeitnehmers das Arbeitsverhältnis beendet wird (nichtig, da gegen das Grundgesetz verstoßend)
   c) Regelung in Ehevertrag, wonach die Ehe automatisch endet, sofern über einen gewissen Zeitraum zölibatäre Zustände eintreten

5. Was ist unter einem Bürgermeistertestament zu verstehen?
   a) Möglichkeit, ein Testament vor einem Bürgermeister zu errichten, sofern zu befürchten ist, dass der Erblasser stirbt, bevor ein Notar dazu erreicht werden kann
   b) Begriff aus der Gemeindeordnung – Übergabeprotokoll des abgewählten an den neu gewählten Bürgermeister
   c) Sicherheitsmaßnahme bei bevorstehender Kommunalwahl

6. Was ist eine Auslobung?
   a) Aussetzen einer Belohnung für die Vornahme einer Handlung, insbesondere das Eintreten eines Erfolgs

b) Formulierung in Arbeitszeugnissen, die nach Lob klingt, in Wahrheit aber einen Kündigungsgrund andeutet
c) Trennung kurz vor der Eheschließung

7. Was bedeutet eine »teleologische Reduktion«?
a) Auslegungsregel bei Unklarheit eines Gesetzes nach dem Grundsatz »Welches Ziel soll das Gesetz erreichen?«
b) Auslegungsregel bei Unklarheit eines Gesetzes nach dem Grundsatz »In welchem Verhältnis steht das Gesetz zur Werteordnung der Kirchengesetze?«
c) Auslegungsregel bei Unklarheit eines Gesetzes nach dem Grundsatz »Wie ist der Sinn des Gesetzes möglichst nahe an seinem Wortsinn festzusetzen?«

8. Was ist ein Hoffnungskauf?
a) Kauf von Aktien basierend auf der Hoffnung, dass diese einen gewissen Wert innerhalb einer gewissen Zeit erreichen
b) ein Kaufvertrag, der die Chance auf einen möglichen Gewinn zum Gegenstand hat
c) Bezeichnung für Verträge mit Wahrsagern

9. Ein Typenzwang ist
   a) ein rechtsmedizinischer Ausdruck für typisiertes Verhalten schuldunfähiger Straftäter
   b) der übersteigerte Wunsch nach einer Partnerschaft
   c) eine Beschränkung der Vertragsfreiheit

10. Was ist eine Realsicherheit?
   a) Möglichkeit der Kreditsicherung durch entsprechende Belastung einer Immobilie
   b) Abwehrspieler eines spanischen Fußballklubs
   c) Möglichkeit der Kreditsicherung durch entsprechende Belastung einer Person, z.B. Bürgschaft

Auflösung: 1. c); 2. b); 3. c); 4. b); 5. a); 6. a); 7. a); 8. b); 9. c); 10. a)

Kuriose Vorschriften und Gesetze aus aller Welt

Kommunale Vorschriften aus Italien

In Italien sind sogenannte örtliche Anordnungen ein steter Quell heiteren Erstaunens.

Ein nationales Gesetz der Regierung Silvio Berlusconi von 2008 erlaubt fantasievollen Bürgermeistern, alles zu regeln, »was die Sicherheit und was die öffentliche Ordnung betreffen kann«:

- In Eraclea ist es behördlich verboten, Löcher in den Sandstrand zu machen. Das gilt auch für das Bauen von Sandburgen.
- In Capri wurde ein Paar festgenommen, das beim Laufen zu laut mit den Schuhen klapperte.
- In Eboli ist das Küssen im Auto untersagt und wird mit empfindlichen Geldstrafen von bis zu 500 Euro bestraft.
- Im ligurischen Lerici darf man nicht mit dem Badeanzug auf die Straße gehen und auch keine nassen Handtücher auf seinen Balkon hängen.
- In Pordenone ist das Streiten mit der Verlobten verboten.
- In San Remo darf man sich nicht mit Prostituierten unterhalten.
- Am Dante-Strand von Ravenna ist laute Musik in der Mittagszeit verboten, ebenso verboten sind das Verteilen

von Werbezetteln, das Sonnenbad ohne Oberteil und das Liegen am Strand auf den ersten 200 Metern des Lido – dafür darf man dort aber laufen.

- In Vigevano wurde erst kürzlich eine Frau zur Zahlung von 160 Euro Strafe verurteilt, weil sie sich am Fuß eines Denkmals in den Schatten gesetzt hat.
- In Brescia kommt man billiger davon. Einer 54-Jährigen wurden nur 100 Euro abgenommen, weil sie sich an einer Piazza auf den Stufen eines historischen Monuments niederließ.
- Im sizilianischen Trapani ist Eisschlecken auf der Straße verboten.
- In Venedig wie auch im toskanischen Lucca drohen einem bis zu 500 Euro Strafe, wenn man die Tauben füttert.
- Im lombardischen Gallarate sind 500 Euro fällig, wenn jemand mit einem Bier in der Hand zu mitternächtlicher Stunde durchs Stadtzentrum zieht.
- In Capri müssen alle Hundehalter eine DNS-Probe ihres Lieblings abgeben. Wenn dann zukünftig ein illegaler Hundehaufen entdeckt wird, kann der Übeltäter rasch ausfindig gemacht werden. Dann sind 1500 Euro Strafe fällig.
- In Pavia ist es verboten, oben ohne in der Sonne zu baden, öffentlich barfuß zu gehen, in der Öffentlichkeit die Wäsche aufzuhängen, wilde Katzen zu füttern und vor 9 oder nach 11 Uhr morgens Teppiche zu klopfen.

Gesetze aus Singapur

Ein Ort seltsamer Gesetze ist Singapur. Das rührt daher, dass dessen Regierungschef sich vor geraumer Zeit das Ziel gesetzt hatte, die Stadt zur saubersten der Welt zu machen, und drakonische Strafen auch für Lappalien einführte, um dieses Ziel zu erreichen. Nicht zuletzt deshalb heißt es in der ehemals britischen Kolonie »Singapore is a ›fine‹ city«. Dieses Wortspiel lebt davon, dass auf Englisch »fine« sowohl »schön« als auch »Geldstrafe« bedeutet.

- So waren bis 2004 der Verkauf und der Genuss von Kaugummi vollständig verboten. Grund für dieses auf den ersten Blick völlig sinnlose Verbot war der Umstand, dass es eine Zeit lang unter den Teenagern in Singapur weitverbreitet war, die Lichtschranken der U-Bahn-Türen mit Kaugummi abzukleben, was dazu führte, dass der Zugführer erst weiterfahren konnte, wenn er die blockierte Lichtschranke entdeckt und wieder freigekratzt hatte. Aufgrund zahlreicher Proteste der Bevölkerung und einer Intervention der US-Regierung zugunsten des weltgrößten Kaugummiproduzenten, eines amerikanischen Unternehmens, hat die Regierung das Verbot mittlerweile etwas gelockert. Der Verkauf von Kaugummi ist nunmehr in Ausnahmefällen erlaubt. Der Käufer muss dafür allerdings ein Arztrezept, das ihm den Genuss von Kaugummi aus medizinischen Gründen gestattet, und seinen Personalausweis vorzeigen. Falls der Apotheker ohne Rezeptvorlage Kaugummis verkauft oder auch nur vergisst, den Namen des Käufers aufzuschreiben, kann gegen ihn eine Geldstrafe von 3000 Singapurdollars verhängt werden.

- Hohe Geldstrafen und Arbeitsstrafen wie die Pflicht, die Straße zu kehren, werden gegen Personen verhängt, die Zigarettenkippen oder sonstigen Abfall auf die Straße werfen.
- Vandalismus und Graffiti werden mit der Prügelstrafe geahndet.
- Die Einfuhr von Tabakwaren ist völlig verboten.
- Bei Ausreise mit dem Pkw ins Nachbarland Malaysia muss der Fahrzeugtank noch mindestens zu 75 Prozent gefüllt sein. Hintergrund für diese Vorschrift sind die Kraftstoffpreise in Malaysia, die deutlich niedriger liegen als in Singapur. Mit dieser Vorschrift soll Tanktourismus verhindert werden.
- Pornografie ist verboten, und auch die in anderen Ländern als harmlos geltende Darstellung von Sex und Nacktheit in Magazinen wie etwa dem »Playboy« oder der »Cosmopolitan« ist nicht gestattet.
- Sexuelle Praktiken, die von offiziellen Stellen in Singapur als »unnatürlich« angesehen werden, sind verboten. Dazu gehören Oralsex und homosexuelle Praktiken.
- Jeder, der mit größeren Mengen Rauschgift (14 Gramm Heroin, 28 Gramm Morphium oder 480 Gramm Marihuana) angetroffen wird, muss mit dem Tod am Galgen rechnen. Im Durchschnitt erfolgt in Singapur alle 14 Tage eine Hinrichtung, das führt zu der weltweit höchsten offiziellen Hinrichtungsrate.

Nur eine geringe Beruhigung: In den letzten Jahren hat die singapurische Regierung einige der strengen Verbote aufgehoben, so ist nun etwa Bungee-Jumping erlaubt. Dabei sollten aber keine verbotenen Sexualpraktiken ausgeübt oder gar Rauschgift konsumiert werden.

Gesetze aus Frankreich

Landeverbot für UFOs

1954 erließ die Stadt Châteauneuf-du-Pape bei Avignon auf dem Höhepunkt eines weltweiten UFO-Fiebers eine Verordnung, wonach es für UFOs jeglicher Nationalität verboten war, das Gemeindegebiet zu überfliegen, dort zu landen oder zu starten, widrigenfalls sie sofort abgeschleppt würden. Die Vorschrift ist heute noch in Kraft, weil sie ihre Wirksamkeit bewiesen habe, so erklärte der derzeitige Bürgermeister Jean-Pierre Boisson lächelnd der Zeitung »Le Dauphiné Libéré«: Seit 1954 sei es zu keinem Verstoß gegen das Verbot gekommen. Außerdem bringe das Verbot das Dorf immer noch regelmäßig in die Schlagzeilen.

In Cugnaux ist Sterben unerwünscht

Im November 2007 erließ Philippe Guérin, der Bürgermeister von Cugnaux im Département Haute-Garonne, eine Verordnung, wonach in der Gemeinde das Sterben allen verboten sei, die noch keine Grabstelle auf dem örtlichen Friedhof reserviert hatten. Dieses Verbot sollte die Einwohner veranlassen, ihren bisherigen Widerstand gegen eine Vergrößerung des Dorffriedhofs aufzugeben. Das Verbot war erfolgreich: Mittlerweile verfügt der Ort über gleich zwei Friedhöfe.

Hosenverbot für Frauen

Am 17. November 1800 verbot eine Anordnung im Zuge der Französischen Revolution, die formell heute noch wirksam ist, dass Frauen Hosen tragen. Ausnahmen waren nur auf polizeiliche Anordnung gestattet, der eine amtsärztliche Untersuchung vorherzugehen hatte.

In den Jahren 1892 und 1909 wurde das Gesetz dahingehend modifiziert, dass Frauen Hosen tragen dürfen, sofern sie zugleich entweder eine Fahrradlenkstange oder einen Pferdezügel in der Hand halten.

In den letzten Jahren wurden mehrfach Versuche unternommen, so im Jahr 1969 durch den Bürgermeister von Paris und in den Jahren 2004 und 2010 durch Abgeordnete, dieses veraltete Gesetz endlich abzuschaffen. Dies wies die damalige Gleichstellungsministerin Nicole Ameline mit den Worten zurück: »Um ein veraltetes Gesetz den herrschenden Gebräuchen anzupassen, ist das pure Veraltetsein manchmal wirksamer als staatliche Intervention.« Das Gesetz ist heute noch in Kraft.

Küssen verboten

In Frankreich hat ein Gesetz aus dem Jahr 1910 immer noch Gültigkeit, durch das Küssen auf dem Bahnsteig verboten wurde. Damalige Begründung: Nur so seien regelmäßige Verspätungen der Züge durch lange Abschiede der Reisenden von den sie zum Bahnhof bringenden Partnern zu vermeiden.

Französische Musik ist doch am schönsten

In Frankreich ist gesetzlich vorgeschrieben, dass das Programm jeder Radiostation von 8 Uhr morgens bis 20 Uhr abends zu mindestens 70 Prozent von französischen Komponisten stammen muss.

Berufsverbot für Frauen

Es ist französischen Frauen immer noch verboten, als Sargträger zu arbeiten. Früher gehörte es zu den Aufgaben eines Sargträgers, vor der Beerdigung durch Umknicken (franz. »croquer«, daher der französische Begriff für Sargträger »croque-morts«) eines Zehs festzustellen, ob die zur Beerdigung Anstehenden tatsächlich tot waren. Diese Aufgabe erschien für Frauen zu brutal zu sein. Auch wenn Sargträger diese Aufgabe längst nicht mehr haben, wurde das Gesetz nie aufgehoben.

- Frauen dürfen französische Unterseeboote nicht betreten. Der Grund dafür ist der Atomantrieb, dessen potenzielle Strahlung Frauen (Männer nicht?) unfruchtbar machen kann, ein Umstand, der andere Länder mit Atom-U-Booten wie die USA, Australien oder Kanada nicht davon abhält, auch Frauen zur Besatzung zuzulassen.
- Frauen dürfen auch wegen der dort üblichen grundsätzlichen Gefahren nicht in französischen Minen oder auf unterirdischen Baustellen arbeiten.

Aus Napoleons Zeiten

Neben dem bekannten Gesetz aus Napoleons Zeiten, das jedem Schwein untersagt, sich mit des Kaisers Namen zu schmücken, soll es auch noch ein Gesetz geben, das es jedem Untertanen auferlegt, ständig ein Bündel Heu mit sich zu führen, für den Fall, dass der König zu Pferde vorbeikommt. Auch von der Erlaubnis, straflos einen Engländer zu erschießen, falls dieser auf dem Seeweg von England nach Frankreich angetroffen wird, sofern er sein Schiff nicht offiziell als Kriegsschiff beflaggt hat, hört man immer wieder (historisch belegt ist das allerdings nicht).

(Angebliche) Gesetze aus Kanada

- Ein Händler darf die Bezahlung eines Produkts im Wert von 50 Cents ablehnen, wenn ausschließlich in Ein-Cent-Münzen bezahlt wird.
- 35 Prozent des Programms der nationalen Radiostationen muss von Kanadiern stammen.
- Es ist Verletzten verboten, in der Öffentlichkeit ihren Verband zu wechseln.
- Es ist verboten, Musik von Satelliten zu hören, die keine kanadische Lizenz haben.
- Es ist verboten, jemanden zu töten, indem man ihm einen Schrecken einjagt.
- Es ist verboten, Hexerei zu praktizieren oder die Zukunft vorherzusagen.
- Comics, die im Übermaß Straftaten abbilden, sind verboten.

- In Nova-Scotia ist es verboten, bei Regen den Garten zu wässern.
- Das Hotel La Reine Elizabeth in Montreal ist verpflichtet, Pferde kostenlos zu verpflegen, deren Besitzer dort ein Zimmer mietet. Außerdem darf man in der Stadt sein Auto nicht auf der Straße waschen, mit dem eigenen Auto nicht die eigene Garageneinfahrt versperren, kein Auto in Bewegung setzen, das ein »Zu verkaufen«-Schild trägt, und auch das Spucken auf den Gehsteig ist verboten.
- In der Stadt Gananoque müssen die Einwohner den Schnee auch von allen Gehsteigen vor städtischen Gebäuden wegräumen.
- In der Stadt Oshawa darf man nicht auf Bäume steigen, und auch dort sind die Bürger zum Schneeräumen verpflichtet. Verstöße dagegen führen zu einer sofortigen Strafsteuer für die säumigen Schipper.
- In der Stadt Kanata gibt es eine Verordnung, die den Hauseigentümern vorschreibt, welche Haustürfarben erlaubt sind. Streng verboten ist die Farbe mauve (blasslila). Außerdem dürfen Autos keinesfalls auf der Straße repariert werden, und selbst in Hinterhöfen darf keine Wäscheleine hängen.
- In Ottawa darf man sonntags auf der Hauptstraße Bank Street kein Eis essen.
- In Toronto darf man auf der Yonge Street sonntags kein totes Pferd hinter sich herziehen.

Gesetz aus Brasilien

Kein Witz: Wer Witze macht, hat Sendeschluss

In Brasilien darf man drei Monate vor jeder Präsidentenwahl weder im Fernsehen noch im Radio Witze über die Kandidaten machen, ein Relikt der brasilianischen Diktatur der Jahre 1964 bis 1985. »Do you know of any other democracy in the world with rules like this?«, fragte denn auch der scharfzüngige Gastgeber einer TV-Comedy-Show sein Publikum.Verstöße werden mit Geldbußen bis zu 200.000 Reais (rund 90.000 Euro) belegt und führen zur Aufhebung der Sendelizenz.

Verordnung aus Japan

Alles außer U-Bahn fahren in der U-Bahn verboten

- In japanischen U-Bahnen ist es verboten, seine Nebensitzer durch Zeitunglesen zu belästigen.
- Die Kampagne der Bahnbetreiber unter dem Titel »Do it

at home« wurde ausgeweitet. Das Verbot erstreckt sich mittlerweile auch darauf, sich in der Bahn zu schminken oder Musik zu hören.

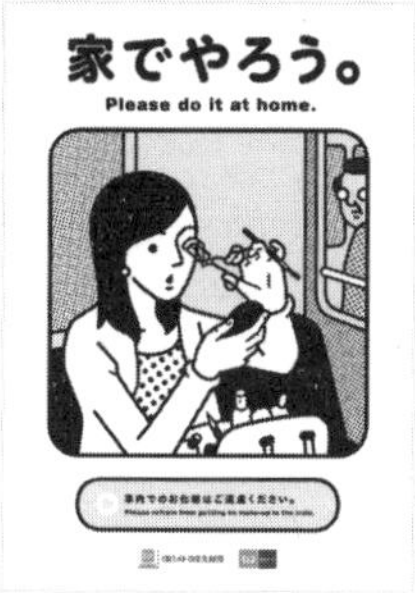

- Witzbolde haben die entsprechenden Warnschilder ergänzt um Verbote wie das des – allerdings dezenten – öffentlichen Liebesspiels.

Kuriose Klagen aus den USA

Wohin Google Maps mich schickt, dorthin gehe ich auch

Lauren Rosenberg verlässt sich auch als Fußgängerin gerne auf die Routenvorschläge von Google Maps. Um den kürzesten Fußweg zwischen zwei Adressen in Park City im US-Bundesstaat Utah zu finden, bat sie Google um einen Routenvorschlag, dem sie dann per Handy brav folgte. Es irritierte sie nicht, als sie dabei auf eine auch auf dem Handybildschirm als solche erkennbare, stark befahrene, vierspurige Schnellstraße geleitet wurde. Dort wurde sie dann prompt von einem Auto angefahren und schwer verletzt. Wieder genesen verklagte sie Google auf 100.000 Dollar Behandlungskosten, Verdienstausfall und Schmerzensgeld. In der Klageschrift heißt es dazu: »Als direkte Folge der fahrlässigen, rücksichtslosen, nachlässigen und unsicheren Routenanweisungen des Angeklagten Google wurde die Klägerin Lauren Rosenberg auf eine gefährliche Schnellstraße geführt und dort von einem vorbeifahrenden Fahrzeug erfasst, wodurch sie schwere physische, emotionale und mentale Schäden erlitt.« Eine Entscheidung steht noch aus.

In Deutschland ereignete sich im Jahr 2009 ein ganz ähnlicher Fall: Ein 42-jähriger Lkw-Fahrer aus Thüringen war mit seinem 40-Tonner im Rheinland unterwegs und folgte penibel den Anweisungen seines Navigationsgerätes. Auch als dieses ihn und seinen Lastzug von der Landstraße weg und über einen schmalen Wirtschaftsweg immer weiter talabwärts in Richtung Rhein lotste, wurde er nicht misstrauisch. Dass irgendetwas nicht stimmte, merkte er offenbar erst, als er schließlich eine etwa 15 Meter tiefe Böschung in einen Weinberg hinabstürzte.

Todesdrohungen auf dem iPod

Der Amerikaner Gregory McKenna behauptete, dass Apple besondere Empfänger in MP3-Player einbaue. 2005 habe er einen iPod auf eBay ersteigert, kurze Zeit später habe er regelmäßig über seine Kopfhörer Morddrohungen der Mafia erhalten. Unter Vorlage angeblicher Mitschnitte verklagte er die Polizei von St. Louis, das FBI, einen Privatdetektiv und das Justizministerium, weil sie der Mafia entweder geholfen oder zumindest jedoch weggeschaut und die Anzapfung seines Musikgeräts durch das organisierte Verbrechen ignoriert, wenn nicht gebilligt hätten. In einer 124-seitigen Klageschrift verlangte sein Anwalt wegen angeblicher Erpressung, Folter und versuchter Vergewaltigung ein Schmerzensgeld von 14,2 Millionen Dollar. Angeblich habe sein Mandant sich geweigert, für eine von der Mafia betriebene Modelagentur zu arbeiten, weshalb ihn die Mafia seitdem hartnäckig verfolge. Was aus der Klage oder dem Kläger seit Klageeinreichung geworden ist, wurde nicht bekannt.

Angeblicher Erfinder von iPod und iPhone verklagt Apple, Sarah Jessica Parker und das FBI

Ein weiterer Amerikaner, Franz A. Wakefield, behauptet, schon vor über 20 Jahren iPod, iTunes und das iPhone erfunden zu haben. Er habe daraufhin den heutigen Sex-and-the-City-Star Sarah Jessica Parker kontaktiert, und diese habe ihm versprochen, gegen Zahlung einer Erfolgsbeteiligung von zwei Prozent der Erlöse, Apple-Chef Steve Jobs von den Erfindungen zu berichten und eine Zusammenarbeit anzustoßen. Da alle »seine« Erfindungen nun wie erwartet ein großer Erfolg geworden seien, ohne dass er bisher dafür entlohnt worden wäre, müssten Apple und Sarah Jessica Parker jetzt an ihn Erfindervergütung bezahlen. Das FBI verklagte er gleich mit, weil er diesem angeblich Kopien seiner Erfinderdokumente zugeschickt habe, damit die Bundesbehörde über seine Erfindungen wache, was offenkundig nicht funktioniert habe. Auch das Schicksal dieser Klage ist unbekannt.

Fliegende Garnelen können schon mal vor Gericht landen

Diese Erfahrung machte der Koch eines Restaurants in New York. Seine bei den Gästen geschätzte Spezialität war, das Essen vor den Augen der Gäste zuzubereiten. Dazu gehörte auch, dass sich die Köche ab und zu Garnelen zuwarfen. Einer der Gäste der Kochshow war Jerry Colaitis aus Long Island. Als er einer auf ihn zufliegenden Garnele ausweichen wollte, habe er sich den Hals verrenkt. Das zumindest behauptete sein Anwalt Andre Ferenzo vor dem Obersten Gericht des US-Bundesstaats New York. Colaitis sei zehn Monate später bei einer notwendig gewordenen Operation gestorben. Die Erben verklagten den Koch deshalb auf zehn Millionen Dollar Schmerzensgeld. Der Koch verteidigte sich damit, dass Colaitis darum hätte bitten können, nicht in die Show miteinbezogen zu werden. Dann hätte er der fliegenden Garnele nicht ausweichen müssen und würde heute noch leben. Ob die Klage erfolgreich war, ist nicht bekannt.

6,2 Millionen Dollar, weil die Kollegen ins Mundwasser pinkelten

Diesen Betrag sprach ein Geschworenengericht in Los Angeles der Feuerwehrfrau Brenda Lee zu. Diese hatte sich vor Gericht gegen diskriminierendes Verhalten ihrer Kollegen gewehrt. Musste sie anfangs »nur« erniedrigende Bemerkungen gegen sich erdulden, kam später hinzu, dass männliche Feuerwehrleute in ihr Mundwasserfläschchen pinkelten. Zwei Kollegen, die Brenda Lee unterstützten und dafür ebenfalls diskriminiert wurden, erhielten 1,7 Millionen bzw. 350.000 Dollar.

Nicht auf jeder Rakete darf »Viagra« stehen

Der 50-jährige Arye Sachs aus West Babylon bei New York fiel dadurch auf, dass er auf seinem Autoanhänger eine rund zehn Meter lange Raketenattrappe durch New York zog, auf der die in blauer Farbe gehaltene Aufschrift »Viva Viagra« prangte. Unter anderem parkte er vor dem Trump Tower, einem der bekanntesten Hochhäuser der Stadt, sowie vor der Firmenzentrale des US-Pharmaunternehmens Pfizer, die das Potenzmittel Viagra herstellen und erfolgreich vermarkten. Pfizer allerdings fand die Aktion des

Mannes weniger gut. Sie zeigten ihm, wo der Hammer hängt, und verklagten ihn erfolgreich wegen Markenverletzung mit der Begründung, Viagra-Kunden könnten das für eine autorisierte Werbekampagne halten. Sachs erwiderte, dass er als eingeschworener Nutzer von Viagra genau wisse, dass sich kein Verbraucher von seiner Aktion davon abhalten lasse, auch künftig zum Potenzmittel zu greifen.

Prozesse, die selbst für US-Verhältnisse zu dreist waren

Wenn ich sonst niemanden verklagen kann, verklage ich einfach mich selbst

Dieser Gedanke schien Robert Lee Brock, einem im Bundesstaat Virginia einsitzenden Gefangenen, logisch vorzukommen. 1995 erhob er Klage gegen sich selbst und verlangte fünf Millionen Dollar Schmerzensgeld. Sein Argument war, dass er im Zustand der Trunkenheit ein Verbrechen begangen habe, Trunkenheit aber sei ein Angriff auf seine religiösen Überzeugungen, wodurch seine Bürgerrechte verletzt worden seien. Da er gegenwärtig leider schon im Gefängnis sei und deshalb über kein geregeltes Einkommen verfüge, müsse der Staat, der ihn ja schließlich eingesperrt habe, für den Betrag aufkommen. Das Gericht wollte die Logik nicht so recht einsehen, es wies die Klage kommentarlos ab.

Wer den Wal hat, hat die Qual

1999 erfüllte sich der 27-jährige Daniel Dukes aus Florida einen lang gehegten Traum. Er wollte endlich einmal mit einem Wal schwimmen. Zu diesem Zweck schlich er sich abends in das Sea-World-Aquarium und stieg zu einem Orcawal in den Pool. Der Wal tötete den ungebetenen Besucher. Die Eltern von Dukes verklagten den Betreiber des Freizeitparks mit dem Argument, dass er nicht mitgeteilt hätte, dass der Wal gefährlich sei, stattdessen würden im Besuchershop niedlich aussehende Plüschwale verkauft, die den Eindruck vermittelten, es handle sich um ein stets freundliches Lebewesen. Die Klage blieb ohne Erfolg.

Wie kommt das Messer in mein Sandwich?

Ein ebenfalls 27-Jähriger aus New York musste zu seinem Entsetzen beim Biss in ein Sandwich der Fast-Food-Kette »Subway« ein 18 Zentimeter langes eingebackenes Plastikmesser entdecken. Obwohl er sich nicht schnitt und das Messer auch nicht verschluckte, verklagte er »Subway« auf eine Million Dollar Schmerzensgeld. Begründung: Er hatte nach Auffinden des Messers drei Stunden lang ernsthafte Magenbeschwerden und Angst, sich eine Magenvergiftung zugezogen zu haben. Wie die Klage ausging, ist nicht bekannt.

Nur Gott hat magische Kräfte

Christopher Roller aus Minnesota verklagte den Magier und Illusionskünstler David Copperfield und verlangte, dass dieser ihm seine Tricks verrate. Sein Argument war, dass Copperfield die Gesetze der Schwerkraft überwinde, also über göttliche Kräfte verfügen müsse. Gott aber sei er, Christopher Roller, deshalb fühle er sich bestohlen, weshalb er zehn Prozent des Vermögens von Copperfield forderte.

Schuld war der Elektroschockgeräte-Hersteller?

Marcy Noriega, eine Polizistin aus Kalifornien, wollte einen Verdächtigen in den Streifenwagen verfrachten. Als sich dieser wehrte und gegen Türen und Fenster trat, wollte sie ihn mit einem Elektroschocker ruhigstellen. Leider zog sie stattdessen ihre ebenfalls am Gürtel der Polizeiuniform befindliche Pistole, richtete den Lauf auf die Brust des Mannes und drückte ab. Die Polizeiverwaltung musste Schmerzensgeld an die Hinterbliebenen zahlen und verklagte den Hersteller des Elektroschockgeräts. So eine Verwechslung könne auch dem sorgfältigsten Polizisten passieren, weil deren Gerät und eine Pistole einfach zu ähnlich seien. Der Prozessausgang ist unbekannt.

Reizend auf Streife? Das kann ins Auge gehen

Die 52-jährige Streifenbeamtin Macrida Patterson wollte sich gerade für ihren Einsatz anziehen. Dazu gehörte für sie offenbar auch ein eng sitzender Stringtanga. Der String riss, ein der Verzierung dienendes Metallteilchen löste sich und geriet der Beamtin ins Auge. Sie verklagte den Dessoushersteller Victoria's Secret auf ein nicht näher genanntes Schmerzensgeld, wie es ausging, ist unbekannt.

Dumm gelaufen – Wildschützer kollidieren mit einem Hirsch

So hatten sich die Tierschutzaktivisten von PETA (People for the Ethical Treatment of Animals) ihre Rückfahrt von einer Aktion zum Schutz freilaufender Hirsche nicht vorgestellt: Ihr Auto kollidierte mit einem Hirsch, der die Straße überqueren wollte, und tötete das Tier. Sie verklagten die zuständige Waldbehörde mit dem Argument, dass diese schließlich durch ein Hirsch-Schutzprogramm für eine Erhöhung der Hirschpopulation gesorgt habe, was zu Stress unter den Hirschen führe und die Tiere dazu verleite, unbedacht Straßen zu überqueren.

Im Traum nicht – Bierhersteller haftet nicht für fehlende Frauen

In einem Werbespot für Budweiser trinken zwei Lastwagenfahrer Bier, kommen ins Träumen, und plötzlich tauchen zwei schöne Frauen vor ihnen auf. Ein Mann aus Michigan verklagte den Bierproduzenten auf Zahlung von 10.000 Dollar mit dem Argument, dass er von der Werbung irregeführt worden sei. Er habe einen ganzen Sixpack geleert, aber von den beiden versprochenen Frauen fehle immer noch jede Spur. Die Klage wurde abgewiesen.

Gut geschwindelt ist halb gewonnen

Kuriose Klagen findet man vor US-Gerichten zuhauf, doch die folgenden sieben abstrusen Fälle, die immer wieder durch Printmedien und Internet geistern, gehören nicht dazu: Sie sind lustig, aber geschwindelt.

Schwindel 1:
Wo kommt dieses Kind auf einmal her?

Kathleen Robertson aus Texas wurden von einem Geschworenengericht 80.000 Dollar zugesprochen. Sie hatte einem Möbelladen mangelnde Aufsichtspflicht vorgeworfen, da ihr beim Besuch des Geschäfts ein Kleinkind vor die Füße gelaufen war. Beim nachfolgenden Sturz brach sie sich den Knöchel. Der Ladenbesitzer wunderte sich über das Urteil, handelte es sich bei dem Sturzverursacher doch um Miss Robertsons eigenes Kind, das sie zu ihrem Besuch mitgebracht hatte.

Schwindel 2:
Vor dem Anfahren sollte man nach Dieben Ausschau halten

Der 19-jährige Carl Truman aus Los Angeles erstritt von seinem Nachbarn die Zahlung eines Schmerzensgeldes in Höhe von 74.000 Dollar und die Begleichung seiner Behandlungskosten. Das Gericht warf dem Nachbarn vor, Truman beim Anfahren fahrlässig nicht bemerkt zu haben, sodass er mit seinem Auto über Trumans Hand fuhr. Unberücksichtigt ließ das Gericht den Umstand, dass Truman gerade dabei war, die Radkappen am Auto seines Nachbarn zu stehlen, als ihn der Unfall ereilte.

Schwindel 3:
Einbrecher dürfen sich nicht selbst einsperren

Terrence Dickson aus Bristol in Pennsylvania hatte nun wirklich Pech. Er hatte gerade seinen Einbruch erfolgreich abgeschlossen und wollte das ausgeraubte Einfamilienhaus so verlassen, wie er eingedrungen war: durch die Garage. Da jedoch versagte der automatische Toröffner. Auch der Rückweg ins Haus war Dickson verschlossen, weil er selbst die ursprünglich offen stehende Verbindungstür zur Wohnung zugezogen hatte. Also blieb ihm nichts anderes übrig, als zu warten, bis die Wohnungseigentümer zurückkehrten. Bis dahin und bis diese die Polizei riefen, die den entkräfteten Ganoven festnahm, vergingen acht lange Tage, in denen Dickson sich von dem ernährte, was er in der Garage fand: eine Dose Cola und trockenes Hundefutter. Wegen des damit verbundenen emotionalen Stresses verklagte er die Haftpflichtversicherung des Hausbesitzers. Das Geschworenengericht sprach ihm 500.000 Dollar zu.

Schwindel 4:
Ihr Hund lässt mich nicht in Ruhe auf ihn schießen

Jerry Williams aus Little Rock in Arkansas erhielt 14.500 Dollar und Ersatz der Behandlungskosten. Er war vom Nachbarshund in den Po gebissen worden. Der Beagle war zwar angekettet und befand sich im umzäunten Nachbargrundstück, trotzdem gelang es ihm, Williams zu beißen, was dadurch erleichtert wurde, dass dieser über den Zaun auf das Nachbargrundstück gestiegen war und den Hund durch gezielte Schüsse mit Gummikugeln geärgert hatte.

Schwindel 5:
Wer wirft hier denn mit Getränkebechern?

Ein Geschworenengericht verurteilte einen Restaurantbetreiber, 113.500 Dollar an Amber Carson aus Lancaster in Pennsylvania zu bezahlen. Diese war bei einem Restaurantbesuch in verschüttete Cola getreten, ausgerutscht und hatte sich das Steißbein gebrochen. Das Getränk war auf den Fußboden gelangt, weil Miss Carson selbst den Colabecher 30 Sekunden zuvor in einem Streit nach ihrem Freund geworfen hatte.

Schwindel 6: Passen Sie auf mich auf, auch wenn ich die Zeche prellen will

Kara Walton aus Claymont in Delaware verklagte den Betreiber eines Nachtklubs, weil sie in dessen Etablissement aus dem Toilettenfenster gefallen war und sich dabei zwei Zähne ausgeschlagen hatte. Miss Walton war gerade dabei, das Lokal auf diesem Weg zu verlassen, weil sie ihre Rechnung über drei Dollar nicht bezahlen wollte. Die Geschworenen verurteilten den Barbesitzer zur Zahlung von 12.500 Dollar und Übernahme der Zahnarztkosten.

Schwindel 7: Wer hätte das ahnen können?

Merv Grazinski aus Oklahoma kaufte ein zehn Meter langes Wohnmobil. Auf seiner ersten Fahrt schaltete er den Tempomat auf 120 Stundenkilometer ein, verließ den Fahrersitz und ging nach hinten, um sich in aller Ruhe ein Sandwich zu machen. Völlig überraschend für Mr. Grazinski kam das Fahrzeug von der Straße ab und überschlug sich. Mit dem Argument, im Benutzungshandbuch habe nicht gestanden, dass man auch bei eingeschaltetem Tempomat den Fahrersitz nicht verlassen dürfe, verklagte er den Fahrzeughersteller. Das Geschworenengericht sah das genauso und verurteilte den Hersteller, 1.750.000 Dollar an den Kläger zu bezahlen – und ihm kostenlos ein neues Wohnmobil zu liefern. Daraufhin änderte der Hersteller Winnebago schleunigst das Benutzerhandbuch.

Warnhinweise made in USA

Aus Sorge vor ähnlichen Klagen gibt es deshalb in den USA scheinbar absurde Warnhinweise wie folgende:

- Auf Mc-Donald's-Kaffeebecher: Inhalt könnte heiß sein.
- Auf einem Föhn: Nicht beim Einschlafen verwenden.
- Auf einer Packung mit Tiefkühlnahrung: Zubereitungshinweis: Auftauen.
- Auf einem Bügeleisen: Nicht am Körper verwenden.
- Auf einer Schlafmittelpackung: Vorsicht, kann Müdigkeit verursachen.
- Auf einem Superman-Kinderkostüm: Warnung, Kostüm verleiht keine Flugeigenschaften.
- Auf einer schwedischen Kettensäge: Der Lauf des Kettenblatts lässt sich nicht mit den Händen oder den Genitalien stoppen.
- Auf einem Hustensaft für Kinder: Nach Einnahme nicht Auto fahren oder schweres Gerät bedienen.
- Auf einer Duschhaube in einem Hotel: Passt nicht auf mehr als einen Kopf gleichzeitig.
- Auf der Unterseite einer Tiramisu-Packung: Packung nicht umdrehen.
- Auf einem Wegwerfrasierer: Nicht während eines Erdbebens verwenden.

- Auf einer Auto-Sonnenblende: Nicht mit herabgezogener Sonnenblende fahren.
- Auf einem Mikroskop: Objekte können in Wirklichkeit kleiner und gefährlicher sein als angezeigt.
- Auf einem Buchstabenset für Erstklässler: Mit diesen Buchstaben können unanständige Wörter gebildet werden.
- Hinweisschild an einer US-Autobahn: Staatsgefängnis. Mitnahme von Anhaltern auf eigene Gefahr.
- Warnschild in einem Zoo: Nicht auf der Umzäunung stehen, sitzen oder dagegenlehnen. Wenn Sie ausrutschen, könnten Sie von Tieren gefressen und diese dann krank werden.
- Auf Fußspray: Nicht ins Gesicht und in die Augen sprühen.
- Auf einem Rasenmäher: Scherblatt nicht bei laufendem Betrieb austauschen.
- Auf einem Staubsauger: Keine brennenden Gegenstände aufsaugen.
- Auf einer Ray-Ban-Sonnenbrille: Sollte nicht bei schlechten Lichtverhältnissen oder Dunkelheit getragen werden.
- Auf einem Computer-Bildschirm: Wenn keine Tastatur angeschlossen ist, bitte Taste F1 drücken, um fortzufahren.
- Auf Babyöl: Von Kindern fernhalten.
- Auf einem Fieberthermometer: Nach rektalem Einsatz wird vor einem Einsatz im Mund empfohlen, das Gerät zu reinigen.
- Auf Badezusatz: Nur äußerlich anwenden.

- Auf Haarspray: Erst wieder rauchen, wenn Haarspray getrocknet ist.
- Auf einer Antibabypille: Nicht einnehmen, falls Sie schwanger sind, schwanger sein könnten oder schwanger werden wollen.
- Auf einer Taschenlampe: Erhellt die weitere Umgebung, sogar im Dunkeln.
- Auf Ohrstöpseln: Nicht giftig, aber geeignet, die Atmung zu behindern, falls sie in die Luftröhre gelangen.
- Auf einem 500-Teile-Puzzle: Muss erst noch zusammengefügt werden.
- Auf Streichhölzern: Feuergefährlich.
- Auf Kinderwagen: Kind vor dem Zusammenklappen entfernen.
- Auf einem Kinderroller: Gerät bewegt sich bei Gebrauch.
- Auf einer Waschmaschine: Vor Gebrauch darauf achten, ob sich Kinder darin versteckt halten.
- Auf einer Mikrowelle: Nicht geeignet, um Hamster zu trocknen.
- Auf der letzten Stufe einer Leiter: Ab hier besteht die Gefahr abzustürzen.
- Auf einer Klobürste: Nicht am Körper anwenden.
- Auf einem Abflussreiniger: Wer die nachfolgenden Warnhinweise nicht lesen kann oder nicht versteht, sollte das Mittel nicht verwenden.
- Auf einem Deo-Roller: Nur unter den Armen anwenden.
- Auf einem Sprungbrett: Landung nur im Wasser erlaubt.
- Auf einem 1-Tonnen-Block Blei: Verzehr führt zu Erbrechen.

- Auf einer Flasche Champagner: Vor dem Aufwärmen in der Mikrowelle Etikett entfernen.
- Auf einem Straßenschild: Bei Regen Gefahr von Wasser auf der Straße.
- Auf einer Fernbedienung: Nicht spülmaschinenfest.
- Auf einer Ketchup-Flasche: Zubereitungshinweis: Aufs Essen drücken.
- Auf »Carefree« (»Sorglos«)-Kaugummi: Saccharinhaltig, der Verzehr dieses Produkts kann gesundheitsgefährdend sein. Bei Tierversuchen wurde Krebs festgestellt.
- Auf einer Volvic-Mineralwasserflasche: Dieses Produkt wurde exklusiv für Volvic entworfen. Nicht wiederauffüllbar.
- Auf einem Pfefferspray (Selbstverteidigungsgas): Nicht in die eigenen Augen sprühen.
- Auf einem Viererpack Batterien: Falls irrtümlich verschluckt, bitte Arzt aufsuchen.

This is not America!

Zu heiß gegessen

Das kennt man sonst nur aus den USA: Da verbrüht sich ein Gast an seinem Kaffee, verklagt daraufhin den Wirt und erhält sozusagen für die eigene Ungeschicktheit auch noch ein fettes Schmerzensgeld zugesprochen.

»Was die können, kann ich schon lange«, dachte sich deshalb wohl eine Frau aus Deutschland, die in einem Gasthof ein Wildgericht bestellt hatte. Im Rahmen eines Menüs wurde dazu als Vorspeise eine Suppe serviert. Und an dieser verbrannte sich die Frau so stark, dass sie laut einem Attest ihres Hausarztes ein »ausgeprägtes Ödem der Unterlippe mit Blasenbildung« erlitt. Daraufhin verklagte sie den Gastwirt.

Dass in Deutschland jedoch andere Sitten herrschen und eben hierzulande sprichwörtlich nichts so heiß gegessen wird, wie man es kocht, machte das Gericht sehr schnell deutlich. Mitnichten sei nämlich ein Gastwirt dazu verpflichtet, eine Suppe nach dem Erhitzen zunächst einige Zeit abkühlen zu lassen und erst dann zu servieren. Auch müsse er seine Gäste nicht ausdrücklich darauf hinweisen, wenn eine Suppe sehr heiß sei. (Amtsgericht Hagen)

Vor Bier wird gewarnt

Ebenso wenig Erfolg mit seiner Klage hatte ein Gerstensaftliebhaber: Er wollte eine Brauerei rechtlich belangen, weil sich auf ihren Bierflaschen keine Warnhinweise vor Alkoholmissbrauch befinden. Etwa 17 Jahre habe er das Bier dieser Brauerei getrunken, sei dann aber, weil niemand ihn vor den Folgen übermäßigen Konsums gewarnt habe, irgendwann alkoholkrank geworden. Deshalb habe sich seine Ehefrau von ihm scheiden lassen, sei er arbeitslos geworden und habe auch noch seinen Führerschein verloren.

Das konnte das Gericht nicht nachvollziehen. Denn die Alkoholhaltigkeit von Bier sei doch allgemein bekannt. Und die Kenntnis von den Wirkungen alkoholischer Getränke gehöre zwar nicht bezüglich der medizinischen Details, wohl aber hinsichtlich der Kernproblematik zum allgemeinen Grundwissen.

Spannend wäre es aber schon gewesen zu erfahren, wie ein solcher Warnhinweis hätte aussehen sollen – »Zu Risiken und Nebenwirkungen fragen Sie Ihren Wirt oder Bierbraumeister«? (Oberlandesgericht Hamm)

Haribo macht Kinder froh – und Lakritz-Junkies sowieso

Davon, dass übermäßiger Lakritzgenuss zu Gesundheitsschäden führen kann, war eine Frau aus Berlin überzeugt: Über mehrere Monate hatte sie täglich eine 400-Gramm-Packung der Lakritzmischung »Matador Mix« verputzt und eines Tages einen gesundheitlichen Zusammenbruch erlitten. Im Krankenhaus musste sie wegen Bewusstlosigkeit und Herzkammerflimmerns reanimiert werden, dem dreiwöchigen Krankenhausaufenthalt folgten eine Kur sowie eine mehrmonatige Arbeitsunfähigkeit. Daraufhin verklagte die Dame die Firma Haribo auf Schmerzensgeld in Höhe von mindestens 6000 Euro plus Schadensersatz, da ihrer Meinung nach die Gesundheitsbeschwerden auf das im Matador Mix enthaltene Glycyrrhizin zurückzuführen seien – ein Stoff, der in der Wurzel der Süßholzpflanze enthalten ist, zur Herstellung von Lakritze verwendet wird und zu Störungen im menschlichen Mineralstoffhaushalt führen kann. Davor jedoch hätte der Hersteller mit einem Aufdruck auf der Packung warnen müssen.

Dank der Regelungsfreudigkeit der Europäischen Union hatte sich jedoch bereits ein hochkarätig besetzter Lebensmittelausschuss mit genau der Frage befasst, welche gesundheitlichen Gefahren von lakritzhaltigen Lebensmitteln ausgehen können. Infolgedessen wurde später eine entsprechende Richtlinie erlassen, und so ist nun geregelt, dass bei Süßwaren mit einer gewissen Konzentration von Glycyrrhizin darauf hingewiesen werden muss, dass sie Süßholz enthalten. Ab einer gewissen Höhe der Konzentration bedarf es sogar des zusätzlichen Hinweises: »Bei hohem Blutdruck sollte ein übermäßiger Verzehr dieses Erzeugnisses vermieden werden.«

Da das von der Klägerin verspeiste Produkt jedoch eine niedrigere Konzentration an Glycyrrhizinsäure enthielt, entsprach es bereits den Vorgaben dieser Richtlinie und bedurfte damit keines gesonderten Warnhinweises mehr. Die Klage wurde abgewiesen. (Oberlandesgericht Köln)

Das große Rechtsquiz, Teil 2

1. Was versteht man unter dem Pandektensystem?
   a) unangemessene kindliche Verhaltensmuster bei männlichen Straftätern; in Anlehnung an die Figur Peter Pan
   b) Herrschaftsordnung eines italienischen Bergvolkes
   c) ein Teil der unter dem römischen Kaiser Justinian zusammengefassten Gesetzbücher

2. Was bezeichnet der Ausdruck »Gemeines Recht«?
   a) gesetzliche Regelungen, die dem Gerechtigkeitsempfinden der Bevölkerung widersprechen
   b) letztes Wort eines enttäuschten Angeklagten vor Gericht
   c) Recht, das nicht nur für einen Gebietsteil gilt, sondern für das ganze Gebiet

3. Was sind Schönheitsreparaturen?
   a) despektierliche Bezeichnung für Eingriffe der plastischen Chirurgie
   b) Begriff aus dem Mietrecht
   c) misslungene Reparaturen durch blonde Handwerkerinnen

4. Was ist ein Umwandlungsrecht?
   a) das Recht, in besonders begründeten Fällen das eigene Geschlecht zu ändern (resultierend aus dem Grundrecht auf sexuelle Selbstbestimmung)
   b) Rückgaberecht von Weihnachtsgeschenken
   c) Änderung der Rechtsform einer Gesellschaft

5. Was ist ein Mietspiegel?
   a) Übersicht über ortsübliche Vergleichsmieten
   b) ein gemieteter Spiegel
   c) rechtlich festgesetzte Maximalhöhe von Mieten

6. Was ist unter der Bezeichnung »Hand wahre Hand« zu verstehen?
   a) altertümlicher Ausdruck vor Gericht, womit der Zeuge schwört, nichts als die Wahrheit zu sagen
   b) Vertragsschluss per Handschlag
   c) mittlerweile überholte Regelung aus dem altdeutschen Recht für Haftungsfragen zwischen Vertragspartnern

7. Was bezeichnet der Begriff »Synallagma«?
   a) griechisches Zivilgesetzbuch
   b) türkisch für »Heute hauen wir auf die Pauke!«
   c) vertragliches Gegenseitigkeitsverhältnis

8. Was ist ein Nasciturus?
   a) anderer Begriff für »Angeklagter«, übernommen aus dem ersten römischen Zivilkodex
   b) humoristisch gemeinter Ausdruck unter Juristen für Zeugen mit Neigung zu starker Transpiration
   c) Bezeichnung für das bereits gezeugte, aber noch ungeborene Kind

9. Was ist ein Handkauf?
   a) entgeltlicher Organhandel (rechtlich unwirksam)
   b) rechtsgeschäftlicher Erwerb durch Personen mit Rechenschwäche
   c) Barkauf, bei dem der Austausch von Geld und Ware sofort/gleichzeitig vollzogen wird

10. Was ist eine Einrede?
   a) unzulässiges Dazwischenreden von Zeugen oder des Angeklagten im Strafprozess
   b) Vorbringen der immer selben Argumente durch einen Rechtsanwalt vor Gericht
   c) rechtliche Argumente gegen einen Klageanspruch

Auflösung: 1. c); 2. c); 3. b); 4. c); 5. a); 6. c); 7. c); 8. c); 9. c); 10. c)

Kuriose Kleidervorschriften

Schuld waren nicht die Baggy Pants

Ein 18-jähriger Brite hatte in seinem jungen Leben schon viel angestellt. Einbrüche, Diebstahl und Drogenmissbrauch fanden sich in seinem Strafregister. Teil der gegen ihn verhängten Strafmaßnahme war auch der Antrag der Staatsanwaltschaft, ihm seine »Berufskleidung« zu verbieten: seine tief in Kniekehlennähe hängende, den Blick auf sein »Klempnerdekolleté« freigebende Hose (»Baggy Pants«) und seinen Kapuzenpullover. Die Beschwerde des Straftäters gegen diese spezielle Anzugordnung war erfolgreich. Ein Gericht erklärte, das Hosen- und Pullover-Verbot verstoße gegen elementare Menschenrechte und sei deshalb aufzuheben.

If you are leaving San Francisco be sure to wear your trousers orderly

Zwar nicht gegen die Menschenrechte, aber doch gegen eine klare Anweisung des Bordpersonals verstieß ein 20-Jähriger, der von San Francisco nach Phoenix fliegen wollte. Der Student ignorierte die Aufforderung der Stewardessen, doch bitte seine Hose so hoch zu ziehen, dass man den Bund seiner darunter befindlichen Unterhose nicht sehen könne. Aufgrund interner Vorschriften habe sich jeder Passagier so anzuziehen, dass keine Gefahr für die Sicherheit der anderen Reisenden bestehe. Dagegen verstoße der Aufzug des Hosenträgers. Der hielt seine rutschende Hose keinesfalls für ein fliegendes Sicherheitsrisiko und weigerte sich, das Flugzeug zu verlassen. Er musste von der Polizei in Handschellen abgeführt werden. Der leger gekleidete Mann war übrigens auf dem Weg zu einer Trauerfeier für einen Freund. Ob er noch rechtzeitig ankam und ob seine Hose auch bei dieser Zeremonie auf Halbmast hing, ist nicht überliefert.

Die Handschuhehe

Unter einer so benannten Liaison versteht man nicht etwa eine besondere Fetischbeziehung zu Handschuhen, sondern eine Eheschließung, die vollzogen wird, obwohl einer der Brautleute nicht persönlich bei der eigenen Hochzeit dabei ist. An seiner Stelle gibt stattdessen ein Stellvertreter für ihn das Jawort ab und überreichte dabei früher zum Zeichen seiner Beauftragung einen Handschuh des so vertretenen Ehepartners – daher der Name.

Alles in allem also eine überaus romantische Angelegenheit – und im Übrigen in Deutschland seit Langem unwirksam. Dennoch hatte nun ein deutsches Gericht darüber zu entscheiden, ob eine in Pakistan geschlossene Handschuhehe hierzulande anerkannt werden kann. Bei der Trauzeremonie in Pakistan war vor dem Standesbeamten nämlich nur die Ehefrau anwesend. Der Ehemann selbst wurde von einem Onkel vertreten, war der Trauungszeremonie aber fortschrittlicherweise telefonisch zugeschaltet. Beide Ehegatten waren sich zum Zeitpunkt der Eheschließung persönlich noch nie begegnet, erst ca. ein halbes Jahr danach trafen sie sich erstmals »live«.

Als die Ehepartner später diese Verbindung in Deutschland beurkunden lassen wollten, kamen dem zuständigen Standesbeamten doch starke Zweifel. Dass Beziehungen per SMS beendet werden, kennt man ja – aber eine Eheschließung via Telefon? Das angerufene Gericht erkannte die Wirksamkeit der Ehe jedoch an. Denn maßgeblich sei das jeweilige ausländische Recht, und nach pakistanischem Recht sind Handschuhehen immer noch zulässig. (Oberlandesgericht Zweibrücken)

Mann in Frauenkleidung im Gefängnis ist hinzunehmen

Ein männlicher Strafgefangener erklärte, er sei in Wirklichkeit eine Frau in einem Männerkörper, und verlangte, dass man ihm künftig Frauenkleidung zur Verfügung stelle. Die Gefängnisverwaltung lehnte das mit der Begründung ab, dass dies die Gefahr von Übergriffen männlicher Gefangener provoziere. Die Behörde erklärte, dass zwar nach dem niedersächsischen Justizvollzugsgesetz jeder die Kleidung tragen kann, die er oder sie will, die Vollzugsbehörde aber das Tragen von Anstaltskleidung allgemein oder im Einzelfall anordnen kann, wenn dies – wie angeblich vorliegend – aus Gründen der Sicherheit oder Ordnung der Anstalt erforderlich ist. Das gegen diese Entscheidung angerufene Gericht gab der Forderung des Klägers nach und erklärte, dass die Vollzugsbehörde zwar das Recht habe, das Tragen von Anstaltskleidung aus Gründen der Sicherheit anzuordnen, da aber vorliegend die potenzielle Gefahr von Störungen des Haftalltags gerade nicht vom

Kläger, sondern von dessen Umgebung ausgehe, sei gegen die Frauenkleider rechtlich nichts einzuwenden. (Oberlandesgericht Celle)

Legere Kleidung vor Gericht

Kurze Hosen sind erlaubt ...

Ein Postbeamter war an einem schönen Sommertag als Zeuge vor Gericht geladen. Deshalb meinte er, mit kurzer Jogginghose vor Gericht »untenrum« ausreichend bekleidet zu sein, zumal er ja »obenrum« ein schönes T-Shirt mit dem Aufdruck »Levi Strauss, USA« gewählt hatte. Dem Richter, für den auch an diesem wie an allen Tagen Robenpflicht galt, war das nicht respektvoll genug. Wegen Missachtung des Gerichts verhängte er ein Ordnungsgeld – ersatzweise Ordnungshaft. Der Zeuge blieb ganz cool, zahlte nicht und ging auch nicht ins Kittchen, sondern legte Beschwerde ein.

In welchem Aufzug er vor dem Berufungsgericht erschien, ist nicht überliefert. Jedenfalls gab ihm das Oberlandesgericht recht. Grundsätzlich stelle ein Auftritt vor Gericht in »unangemessener Kleidung« einen Angriff auf das Ansehen der Justiz dar. Dies sei aber zumindest bei sommerlichen Temperaturen dann nicht zu befürchten, wenn kurze Hose und Shirt einen »ansonsten« sauberen Eindruck machten. Freizeitkleidung sei mittlerweile überall anzutreffen. Das müsse auch eine um Bürgernähe bemühte Justiz beachten. (Oberlandesgericht Koblenz)

... aber Flecken nicht

In Düsseldorf ist man in Modesachen offenbar pingeliger als im vergleichsweise saloppen Koblenz. Dort brachte auch eine Beschwerde vor dem Berufungsgericht keine Befreiung vom verhängten Ordnungsgeld, nachdem ein Mann in – allerdings verschmutzter – kurzer Hose vor Gericht erschienen war. Die Richter erklärten zwar erkennbar wehmütig, dass nach den »heutigen, liberalen Maßstäben« keine »übersteigerten, an den Menschen früherer Zeitepochen ausgerichteten Anforderungen an die Kleidung« mehr gestellt werden dürften. Kurze Hosen hätten aber zumindest sauber zu sein, selbst wenn die Flecken von einem unmittelbar dem Gerichtstermin vorangegangenen Arbeitseinsatz stammten. Jedermann mit potenziell schmutzgeneigter Tätigkeit, der vor Gericht geladen sei, müsse eine Wechselhose und ausreichend Wechselzeit einplanen. (Oberlandesgericht Düsseldorf)

Was ist ein Hells Angel ohne seine Kutte? Ein ganz normaler Prozessbeobachter

Diese Erfahrung machte ein Zuschauer bei einem Prozess gegen Mitglieder der immer wieder zu Straftaten neigenden legendären Rockerbande Hells Angels. Auch wenn der Mann (zufällig?) nicht angeklagt war, wollte er den Prozess gegen seine Kumpels doch aus nächster Nähe verfolgen. Selbstverständlich in der offiziellen Uniform, der Hells-Angels-Lederjacke, nur echt in abgewetzt und mit Flicken besetzt. So aber wollte ihm der deutlich konservativer gewandete Präsident des befassten Landgerichts Potsdam keinen Einlass gewähren und verlangte: »Jacke aus oder draußen bleiben.« Der so Entkleidete gehorchte, beschwerte sich aber beim Oberverwaltungsgericht Brandenburg. Das entschied, dass das Kuttenverbot rechtmäßig sei. Die Maßnahme sei aus Sicherheitsgründen geboten und erschwere den Zugang zur Verhandlung nur unwesentlich. (Oberverwaltungsgericht Brandenburg)

Ohne Krawatte kein ordnungsgemäßes Protokoll?

Ganz andere Sitten als vor Gericht herrschen offenbar noch im Deutschen Bundestag. Zumindest auf der Protokollführerbank. Anders als etwa Joschka Fischer zu seinen Glanzzeiten durften die parlamentarischen Protokollführer Sven-Christian Kindler (Grüne) und Andrej Hunko (Linke) nicht schlipslos im Parlament erscheinen. Verboten hatte es ihnen Jens Koeppen (CDU), der Obmann der Schriftführer im Bundestag. Als die beiden Männer ankündigten, ohne »Langbinder« zum Dienst erscheinen zu wollen, hatte Koeppen seine Kollegen in Einklang mit dem Ältestenrat des Bundestages vom Dienst ausgeschlossen. Eine angemessene Kleidung sei auch Ausdruck des Respekts vor den Bürgern. Die freiheitsliebenden Schriftführer sahen das anders: Von einer Krawattenpflicht stehe nichts in der Geschäftsordnung des Bundestags. Weißes Hemd und Jackett reichten, meinte Kindler und fügte hinzu: »Es ist sehr fragwürdig, ob so manche Blümchenkrawatte von Koalitionsabgeordneten die Würde des Hauses hebt.« Der parlamentarische Schriftführer Kekeritz (Grüne) hat aus demselben Grund sogar freiwillig sein Amt niedergelegt. »Ich ziehe eine Krawatte dann an, wenn ich es möchte, nicht wenn ich es muss«, sagte er.

Nackte Fakten

Nackt im Garten sonnen

Darf man sich nackt im eigenen Garten sonnen? Ein Vermieter jedenfalls fühlte sich dadurch gestört, dass seine Mieterin, die im selben Hausanwesen wohnte wie er, sich nackt in ihrem Gartenbereich »sonnte und rekelte«. Ein solches Verhalten störe erheblich den Hausfrieden, da es bei Nachbarn und der Dorfgemeinschaft für Gesprächsstoff sorge. Das Gericht sah das liberaler und entschied, dass es jedermanns eigene freie Entscheidung sei, ob und wie er sich sonnen wolle. Ob für diese Entscheidung eventuell Dokumentationsfotos der Dame als Beweismaterial ausschlaggebend waren, ist leider nicht überliefert. (Amtsgericht Merzig)

Nackt und mehr auf der Terrasse

Eine andere Mieterin hatte sich auf ihrer Terrasse jedoch etwas mehr als nur nackt »gesonnt« und erhielt daraufhin von ihrem Vermieter eine Abmahnung. Wortlaut: »Augenzeugen haben beobachtet und dokumentiert, wie Sie im Beisein eines Herrn/Besuchers Ihren sexuellen Bedürfnissen im Freien, d.h. auf Ihrer Terrasse nachgekommen sind.« Abgesehen von der Tatsache, dass sich in unmittelbarer Nähe zwei Kinderspielplätze befinden, hätten sich mehrere Mieter angesichts dieser Szenerie peinlich berührt gefühlt, das Ganze falle ja wohl unter die Rubrik »Erregung öffentlichen Ärgernisses«. Erstaunlicherweise waren die anderen Mieter aber trotzdem noch in der Lage, sich über die Brüstung ihres eigenen Balkons zu lehnen und geistesgegenwärtig gleich einige Fotos von dem Geschehen zu schießen, um sie als Beweismaterial vorzulegen! Das Gericht hielt die Abmahnung für gerechtfertigt, denn in den Rahmen eines Mietverhältnisses und zur Wahrung des Hausfriedens gehöre die gegenseitige Rücksichtnahme. Diese aber habe die Dame hier durch ihr freizügiges Verhalten auf der einsehbaren Terrasse nicht eingehalten. (Amtsgericht Bonn)

Nackt joggen an spanischen Stränden

»Rhythmisch schwang er seine Beine – und im Takt schwang auch der Kleine« – so lautete die Betitelung unter einem Bild, das ein in der Läuferszene durchaus bekannter Sportler von sich in einem Läufermagazin entdecken musste. Das Pikante daran: Das Foto zeigte ihn beim Joggen an einem Strand auf Fuerteventura – neben Sonnenbrille, Sportschuhen und Pulsmesser ansonsten nur mit dem Adamskostüm bekleidet. Die von dem Mann geforderte Geldentschädigung wegen Verletzung seiner Persönlichkeitsrechte wurde ihm vor Gericht jedoch nicht zugesprochen. Denn Geld gibt es nur, wenn in das Persönlichkeitsrecht eines Menschen »besonders schwer« eingegriffen wurde. Der Mann machte aber bereits seit 14 Jahren Urlaub auf Fuerteventura und absolvierte dabei täglich unbekleidet bis zu 14 Kilometer lange Trainingsläufe an einem öffentlichen Strand. Deshalb könne man davon ausgehen, dass er kein Problem damit habe, seine Nacktheit in der Öffentlichkeit zu präsentieren, und sich dadurch auch nicht in seiner Intimsphäre verletzt fühlte. Auch sei das in der Zeitung abgebildete Foto selbst nicht als obszön oder anstößig zu bezeichnen – es zeige doch vielmehr einen sportlich trainierten, wohlgeformten Körper in Läuferhaltung. (Oberlandesgericht Köln)

Grob ungehörig: Nackt radeln am Weltnacktradeltag

Anlässlich des Weltnacktradeltages wollte vor einigen Jahren ein Mann mit mehreren Gleichgesinnten gänzlich unbekleidet den Rhein entlangradeln, um für die Nacktheit als »zweckdienliche und gesellschaftsfähige Kleidung und gegen das Verstecken von Körpern in blickdichten und gebührenpflichtigen Gettos« einzutreten. Zu seinem Leidwesen wurde dem FKK-Freund der angemeldete Nudisten-Giro bereits im Vorfeld verboten.

Die Richter am zuständigen Verwaltungsgericht waren zwar der Meinung, dass heutzutage die Einstellung zum Nacktbaden an Stränden und in Schwimmbädern durchaus unbefangener und freier sei als früher. Stünde man aber an Orten, an denen man völlige Nacktheit nicht erwarte, plötzlich unfreiwillig nackten Menschen gegenüber, so sei dadurch auch heute noch in besonderem Maße das Schamgefühl des größten Teils der Bevölkerung verletzt. Passanten würde hier der Anblick nackter Körper regelrecht aufgedrängt, ohne dass diese frei entscheiden könnten, ob sie mit so viel nackter Haut überhaupt konfrontiert werden wollten oder nicht. Die ganze Aktion könne deshalb die öffentliche Ordnung beeinträchtigen und sei als grob ungehörig einzustufen. (Verwaltungsgericht Karlsruhe)

Perücke auf Rezept?

Haarig wurde es für diesen Mann erst vor Gericht: Seit seiner Kindheit litt der Kläger unter völligem Haarverlust und verklagte deshalb seine gesetzliche Krankenkasse darauf, die Kosten einer Perücke zu übernehmen. Bei Frauen, Kindern und Jugendlichen komme die Kasse schließlich auch für eine »Haarersatz-Langzeitversorgung« auf. Sollte sein Antrag abgelehnt werden, so trug er weiter vor, würde ihn das derart schwer treffen, dass mit dem Eintritt einer psychischen Erkrankung zu rechnen sei.

Dies beeindruckte die Richter am Sozialgericht leider wenig, und sie wiesen die Klage ab. Bei Männern nämlich werde Kahlköpfigkeit in der Gesellschaft nicht als besonders auffälliger Zustand angesehen, weil sie rein biologisch bedingt häufiger auftrete. Soweit die Haare zum Schutz vor Sonne oder Kälte dienen sollten, könne das auch mit einer Mütze oder einem Hut erreicht werden, und falls künftig tatsächlich eine psychische Störung eintrete, so bestehe unter Umständen ein psychotherapeutischer Behandlungsanspruch. (Landessozialgericht Rheinland-Pfalz)

Prostituierte auf Rezept?

Auf diese doch sehr kreative Idee kam ein behinderter Sozialhilfeempfänger. Er war nämlich der Meinung, dass ihm auch die Kosten für Hausbesuche von Prostituierten vom Staat bezahlt werden sollten, und wollte dies gerichtlich durchsetzen. Denn das würde dazu beitragen, seine Alltagskompetenz zu verbessern und ihn wieder mehr in das Gemeinwesen einzubinden.

Das Gericht, das letztlich hierüber zu entscheiden hatte, war erstaunlicherweise anderer Meinung. Zwar sei es Aufgabe der Sozialhilfe, deren Empfängern ein menschenwürdiges Leben zu ermöglichen. Ein Leben in Würde sei allerdings durchaus auch ohne Prostituiertenbesuche möglich. (Landessozialgericht Thüringen)

Kuriose Rechtsvorschriften aus Deutschland

- Es ist verboten, auf der Insel Helgoland mit dem Fahrrad zu fahren.
  (§ 50 STVO – Straßenverkehrsordnung)
- Es ist verboten, Tiere von Kraftfahrzeugen aus zu führen.
  (§ 28 STVO – Straßenverkehrsordnung)

Zünftige Vorschriften aus Bayern

A Ruah is!

- Am Karfreitag sind »in Räumen mit Schankbetrieb« musikalische Darbietungen jeder Art verboten.
  (Art. 3 Abs. 2 FTG – Feiertagsgesetz)
- An Sonn- und Feiertagen dürfen zu Zeiten des Hauptgottesdienstes in Kirchennähe keine Treibjagden veranstaltet werden.
  (Art. 2 Abs. 2 FTG – Feiertagsgesetz)

Biergartentherapie

»Biergärten erfüllen wichtige soziale und kommunikative Funktionen, weil sie seit jeher beliebter Treffpunkt breiter Schichten der Bevölkerung sind und ein ungezwungenes, soziale Unterschiede überwindendes Miteinander ermöglichen. Die Geselligkeit und das Zusammensein im Freien wirken Vereinsamungserscheinungen im Alltag entgegen.«

(Ziffer 2.1 der Begründung zur Bayerischen Biergartenverordnung)

Auf der Pirsch

- Jäger sind berechtigt, einem Wilderer »Hunde und Frettchen sowie Beizvögel abzunehmen«.

  (Art. 42 Abs. 1 BayJG – Bayerisches Jagdgesetz)
- Katzen sind zu töten, wenn sie in einem Jagdrevier mehr als 300 Meter vom nächsten bewohnten Gebäude angetroffen werden.

  (Art. 42 Abs. 1 BayJG – Bayerisches Jagdgesetz)

Bayerische Geheimbünde?

- Gemäß der »Feldgeschworenenverordnung« sind in bayerischen Gemeinden »Feldgeschworene« zu wählen, die in einem Eid schwören, dass sie zeitlebens das »Siebenergeheimnis« wahren werden.

  (§ 5 FO – Feldgeschworenenordnung)

Wenn's um die Flagge geht, sind die Bayern kleinkariert

- Die bayerische Staatsflagge muss »mindestens einundzwanzig weiße und blaue Rauten« enthalten, und »in jedem Fall aber ist die rechte obere Ecke des Flaggentuchs für eine angeschnittene weiße Raute bestimmt«.

  (§ 1 Abs. 3 VwAoFlag – Verwaltungsanordnung über die bayerischen Staatsflaggen)

Von Biber-Stalkern und Biber-Burgbesetzern

- Zwischen 1. September und 15. März ist es gestattet, bayerischen Bibern »nachzustellen« und »nicht besetzte Biberburgen« zu beseitigen.

  (§ 2 Abs. 1 AAV – Artenschutzrechtliche Ausnahmeverordnung)

Wenn Bayerns Beamte fliegen

- »Bei Flugreisen gilt ein Land in dem Zeitpunkt als erreicht, in dem das Flugzeug dort landet.«

  (§ 4 Abs. 2 BayARV – Bayerische Auslandsreisekostenverordnung)

Nackert ein Luftbad nehmen: In Bayern unerwünscht

- »Wer öffentlich badet, muss Badekleidung tragen. Das gilt für das Wasser-, Luft- und Sonnenbaden.«

  (§ 1 Abs. 1 Badeverordnung – Verordnung über das Verhalten beim öffentlichen Baden)

Nur ein Verweis ist ein Verweis

- »Missbilligende Äußerungen (Zurechtweisungen, Ermahnungen oder Rügen), die nicht ausdrücklich als Verweis bezeichnet werden, sind keine Disziplinarmaßnahmen.«

  (Art. 7 Abs. 1 BayDG – Bayerisches Disziplinargesetz)

Wer hat Angst vorm wilden Hopfen?

- Offensichtlich die Bayern, denn dort sind in allen Hopfenanbaugebieten Grundstücksbesitzer verpflichtet, »jährlich bis spätestens 15. Juni sämtliche wildwachsenden Hopfenpflanzen auf ihren Grundstücken am

Blühen zu hindern und möglichst durch Aushauen des Wurzelstocks zu roden«.

Zur Überwachung dieser Maßnahmen müssen die Gemeinden eigens »Hopfenfachwarte« beauftragen.

(§§ 1,3 Verordnung über die Bekämpfung wilden Hopfens)

Im Dorf nur vertikales Gewerbe

- In Gemeinden mit weniger als 30.000 Einwohnern ist es verboten, der Prostitution nachzugehen. Nur in »besonders begründeten Fällen« (?) kann dieses Verbot aufgehoben werden.

(§ 1 Verordnung über das Verbot der Prostitution)

Spezielle Vorschriften aus Sachsen

Prostitution – noch seltener in Sachsen als in Bayern

- »In Gemeinden bis zu 50.000 Einwohnern ist es verboten, der Prostitution nachzugehen.«

(§ 1 Abs.1 ProstVerbV – Verordnung über das Verbot der Prostitution)

Beamtennachrufe, genau geregelt

- »Der als Traueranzeige zu gestaltende Nachruf soll in einer am Dienst- oder Wohnort des Verstorbenen verbreiteten Tageszeitung erscheinen. Er soll sich auf kurze Worte des Gedenkens und der Verbundenheit beschränken. Das Format soll nicht größer als 96 x 80 mm sein.«
- »Für einen Kranz mit Schleife einschließlich aller Nebenkosten dürfen in den Monaten Mai bis Oktober

höchstens 70 EUR, in den Monaten November bis April höchstens 80 EUR aufgewendet werden.«

(Ziffern 2.2, 4.1 VwV Ehrungen – Verwaltungsvorschrift über die Ehrung von verstorbenen Beschäftigten des Freistaates Sachsen)

Von haarigen Haarproben

Zum Nachweis, ob z.B. ein Autofahrer unter Medikamenten- oder Drogeneinfluss steht, darf ihm mitunter eine Haarprobe entnommen werden.

Dass die sächsische Polizei dafür offensichtlich haargenaue Anweisungen benötigt, zeigt folgende Verwaltungsvorschrift:

»Bei der Probenahme ist Folgendes zu beachten:

- Die Entnahme sollte in erster Linie über dem Hinterhauptshöcker erfolgen. Ist dies nicht möglich, muss die Entnahmestelle entsprechend dokumentiert werden.
- Die Probe sollte aus einem mindestens bleistift- bis kleinfingerdicken Strang bestehen.
- Die Haare sind vor dem Abschneiden mit einem Bindfaden, möglichst 2 bis 3 cm von der Kopfhaut entfernt, fest zusammenzubinden.
- Die zusammengebundenen Haare sind möglichst direkt an der Kopfhaut abzuschneiden. Sollte dies nicht möglich sein, ist die Länge der zurückgebliebenen Haarreste zu dokumentieren.
- Die entnommene Haarprobe ist fest in Papier oder Aluminiumfolie einzurollen. Die Probenbeschriftung mit Probenkennung, Bezeichnung der Entnahmestelle, Kennzeichnung von kopfnahem Ende und Haarspitze

sowie Angaben zur Länge der verbliebenen Haarreste ist auf dem Bogen zu vermerken.«

(§ 5 VwV Alkohol-, Medikamenten-, Drogeneinfluss – Verwaltungsvorschrift über die Feststellung von Alkohol-, Medikamenten- und Drogeneinfluss bei Straftaten und Ordnungswidrigkeiten und die Beschlagnahmung von Führerscheinen)

Terminator, Predator oder Großprädator?

Sachsen, das Land, in dem sich offenbar Wolf und Bär noch Gute Nacht sagen – denn nur so lässt sich folgende Vorschrift erklären:

- »Der Freistaat Sachsen übernimmt (…) Sachschäden, die durch Wolf, Luchs oder Bär verursacht werden. Der Schadensausgleich dient der besseren Akzeptanz der Großprädatoren Wolf, Luchs und Bär durch bestimmte Naturnutzergruppen im ländlichen Raum (zum Beispiel Schäfer und Imker), mit deren Nutzungsinteressen die Großprädatoren aufgrund ihres Beuteschemas und ihrer Ernährungsweise in Konflikt geraten können (…)«

(§ 1 VwV Wolf – Verwaltungsvorschrift zum Ausgleich von durch Wolf, Luchs oder Bär verursachte Schäden)

Baden gehen

- »Badesaison ist der Zeitraum, in dem mit einer großen Zahl von Badenden gerechnet werden kann.«

(§ 2 Abs. 4 SächsBadegewVO – Sächsische Badegewässerverordnung)

Bestechung nur mit Stiften möglich

- »Öffentlich Bedienstete dürfen nicht den Anschein erwecken, im Rahmen der Dienstführung für persönliche

Vorteile empfänglich zu sein. Den öffentlich Bediensteten ist daher untersagt, Belohnungen und Geschenke für sich oder einen Dritten in Bezug auf ihr Amt oder ihre Tätigkeit anzunehmen.«

Angenommen werden dürfen jedoch:

- »(...) geringwertige Aufmerksamkeiten bis zu einem handelsüblichen Marktwert von im Einzelfall 10 EUR und jährlich insgesamt höchstens 30 EUR (zum Beispiel Reklameartikel einfacher Art wie Stifte, Schreibblocks, Kalender)«.

(Ziffern II.1, VI.1 VwV Belohnungen und Geschenke – Verwaltungsvorschrift über das Verbot der Annahme von Belohnungen und Geschenken durch die öffentlich Bediensteten des Freistaates Sachsen)

Nachts muss die Flagge rein

- »Wird nicht ständig beflaggt, beginnt die Beflaggung bei Tagesanbruch, jedoch nicht vor 7 Uhr, und endet bei Sonnenuntergang, jedoch spätestens 19 Uhr.«

(Ziffer IV.7 VwV Beflaggung – Verwaltungsvorschrift über die Beflaggung der Dienstgebäude im Freistaat Sachsen)

Wenn sich Stunden wie Tage anfühlen

Jetzt endlich wissen wir, weshalb sich eine Stunde auf der Behörde oft wie ein ganzer Tag anfühlt – der Zeitbegriff ist anders geregelt:

- »Eine Dienst- oder Fortbildungsreise von einem Tag liegt bereits vor, wenn die Dienst- oder Fortbildungsreise einzelne Stunden eines Tages umfasst.«

(Ziffer C VwV Anordnungsbefugnisse SMF – Verwaltungsvorschrift über Anordnungsbefugnisse für Dienst- und Fortbildungsreisen im Geschäftsbereich des Sächsischen Staatsministeriums der Finanzen)

Försters Dresscode

Damit Sachsens Förster Wald und Wild korrekt begegnen, ist auch in Sachen Dienstkleidung nichts dem Zufall überlassen. So regelt eine Verordnung äußerst genau, wie die Dienstkleidung beschaffen sein muss. Hier nur einige Beispiele.

Beschreibung der Dienstjacke:

- »Einreihige, mäßig taillierte Jacke aus grüngrau meliertem Trikot. Gerade vordere Kanten mit vier dunkelgrünen geriffelten Knöpfen von circa 2 cm Durchmesser, durchgeknöpft. Kurze Fasson mit normalem Fassonkragen aus dunkelgrünem Tuch. Zwei aufgesetzte Brusttaschen (Größe circa 14 mal 16 cm) mit nach außen gelegten Falten und zwei eingearbeitete schräge Seitentaschen. Patten jeweils geschweift mit dunkelgrünem geriffelten Schließknopf (Durchmesser circa 1,6 cm). Jackenlänge halbe Körpergröße minus 12 bis 15 cm. Glatter Rücken mit Mittelnaht, circa 20 bis 22 cm langer Rückenschlitz. Die Vorderkanten der Jacke und die Taschenklappen sind mit Vorstoß aus dunkelgrünem Tuch versehen. Vorrichtungen zum Anknöpfen der Schulterstücke.«

Beschreibung der Diensthose:

- »Lange Arbeitshose nach Form und Material in schlichter Ausführung. Keine Cord-Stoffe oder andere auffällige Strukturen. Einfarbig grün über grüngrau bis grau. In mittlerer bis dunkler Tönung.«

Zum Hutschmuck:

- »Auf der linken Seite des Hutes wird an der Schleife des Hutbandes ein Sau-, Hirsch-, Dachs- oder Gamsbart getragen, der nicht über die Außenkante des Hutes ragt. Anderer Hutschmuck ist unzulässig.«

(Ziffern 2.1, 2.3.4, 2.7.1 ForstDKIVO – Verordnung über die Dienstkleidung für den Forstdienst im Freistaat Sachsen)

Wenn Bäume umziehen

Es scheint Fälle gegeben zu haben, in denen sich sächsische Beamte beim Umzug nicht von ihren Bäumen im Garten trennen wollten – oder sie dem Nachfolger nicht gönnten. Nur so können wir uns folgende Vorschrift erklären:

- »Beim Räumen der Dienstwohnung darf der Dienstwohnungsinhaber von ihm gepflanzte Bäume und Sträucher entfernen.«

  (Ziffer 15.c VwV-DW – Verwaltungsvorschrift über die Dienstwohnungen des Freistaates Sachsen)

Elektroimpulsgeräte sind nichts für jedermann

Dürfen Elektrogeräte in Sachsen nur von speziell ausgebildeten Polizisten bedient werden? Das könnte man zumindest beim Lesen dieser Vorschrift zunächst vermuten:

- »Elektroimpulsgeräte dürfen nur von an den Geräten fortgebildeten Polizeibeamtinnen und -beamten geführt und eingesetzt werden.«

Doch nein, die Rede ist hier von der Elektroschock-Pistole »Taser«, deren Einsatz die Polizisten sogleich auch zu einer gewissen Fürsorge verpflichtet, wie es einige Zeilen später geregelt ist:

- »Zur Vermeidung tödlicher Sturzfolgen ist der Einsatz

des ›Tasers‹ nur in Zweierteams vorzunehmen, damit der Versuch unternommen werden kann, den Sturz der Zielperson, insbesondere den Kopfaufprall, aufzufangen.«

(Ziffern IV.1, V.7 ZulElmpG SEK – Verwaltungsvorschrift über die Zulassung des Elektroimpulsgerätes »Taser« beim Spezialeinsatzkommando des Freistaates Sachsens)

Startverbot für UFOs über Dresden?

- »Es ist im Bezirk der Landesdirektion Dresden verboten, unbemannte frei fliegende Flugobjekte aufsteigen zu lassen«.

(§ 1 Fluglaternenverordnung)

Fisch-Turniere sind verboten

- »Es ist verboten, den Fischfang als Wettbewerb auszuüben.«

(§ 24 Abs. 1 Nr. 4 SächsFischG – Sächsisches Fischereigesetz)

Ein Herz für Drillinge

- »Der Ministerpräsident des Freistaates Sachsen übernimmt auf Wunsch der Erziehungsberechtigten die Ehrenpatenschaft bei Mehrlingen (ab Drillinge).«

(Ziffer 1 Verwaltungsvorschrift zur Übernahme der Patenschaft bei Mehrlingen durch den Ministerpräsidenten)

Alle haben sich lieb – dank Polizeiorchester

- »Dem Polizeiorchester obliegen nachfolgende Aufgaben: Förderung der Verbundenheit zwischen Bevölkerung und Polizei durch musikalische Auftritte in der Öffentlichkeit.«

(Ziffer 2.c VwV Polizeiorchester – Verwaltungsvorschrift über das Polizeiorchester des Freistaates Sachsen)

Rollstuhl-Cross-Country in Sachsen unerwünscht

- »Jeder darf Wald zum Zwecke der Erholung betreten. Das Radfahren und das Fahren mit motorgetriebenen Krankenfahrstühlen ist nur auf Straßen und Wegen gestattet.«

  (§ 11 Abs. 1 SächsWaldG – Waldgesetz für den Freistaat Sachsen)

Vielversprechend klingende Vorschriften

Spannende Berufsgruppen:

- Verwaltungsvorschrift des Sächsischen Staatsministeriums über die Ausbildung der Bergbaubeflissenen und Beflissenen des Markscheidefachs

Scheint ein Thema zu sein:

- Richtlinie des Sächsischen Staatsministeriums zur Förderung von Maßnahmen für das Landesprogramm zum »Begleiteten Ausstieg aus der rechtsextremistischen Szene«

Auch Bullen und Kühe haben ein Recht auf Gesundheit und Pediküre:

- Verwaltungsvorschrift zum Deckbullengesundheitsdienst im Freistaat Sachsen
- Erlass zur Durchführung des amtlichen Eutergesundheitsdienstes im Freistaat Sachsen
- Verordnung des Sächsischen Staatsministeriums über die Fortbildungsprüfung zum geprüften Klauenpfleger

Das große Rechtsquiz, Teil 3

1. Was ist eine Verkehrspflicht?
   a) übersteigerte Freude am Autofahren
   b) allgemeine Rechtspflicht, im Verkehr eine Gefährdung anderer auszuschließen
   c) Regelung aus der Sächsischen Prostitutionsverordnung

2. Was ist ein Aushöhlungsverbot?
   a) Begriff aus dem Bergbaurecht
   b) Verbot, sich durch einschränkende Nebenabreden wesentlichen Vertrags- oder Gesetzespflichten zu entziehen
   c) Handlungsanweisung für Zahnärzte

3. Unter einem Deckungsverhältnis versteht man
   a) einen Begriff aus dem Strafprozessrecht zur Qualität einer Zeugenaussage, wenn diese nur dazu dient, den Täter zu decken
   b) einen Begriff aus der Sächsischen Zuchtbullenverordnung
   c) z.B. in Geld-Anweisungsfällen die Beziehung zwischen Anweisendem (z.B. Bankkunde) und Angewiesenem (z.B. Bank)

4. Was ist ein Überbau?
   a) Begriff aus dem Baurecht; ein neues Gebäude ersetzt ein altes Gebäude, ohne dass dafür eine erneute Baugenehmigung erforderlich ist
   b) Überschreitung der Grundstücksgrenze beim Bau eines Gebäudes
   c) Anweisung Dieter Bohlens gegenüber dem plastischen Chirurgen seiner jeweils aktuellen Lebensabschnittsgefährtin

5. Was ist eine Salvatorische Klausel?
   a) Klausel eines Vertrages, die bestimmt, welche Rechtsfolgen eintreten sollen, falls Teile des Vertrages unwirksam/lückenhaft sind
   b) anderer Begriff für das Bayerische Bier-Reinheitsgebot (historisch bedingt, da erstmals im Kloster Sankt Salvator schriftlich festgehalten)
   c) Klausel, die von einem Schiedsgericht verfasst wurde

6. Was ist eine Ehestörung?
   a) Außerehelicher Geschlechtsverkehr
   b) z.B. Einzug der Geliebten des Ehemannes in die Ehewohnung
   c) Unterbrechung des Standesbeamten während des Vollzugs der Eheschließung durch ehemaligen Liebhaber

7. Was ist ein Deckungskauf?
   a) Kauf eines Zuchtbullen
   b) Ersatzkauf bei Leistungsverzug
   c) Transfer eines Fußball-Abwehrspielers

8. Was versteht man unter einer Auflassung?
   a) das Nicht-Abschließen von Räumen, wodurch ein Einbruchdiebstahl ermöglicht wird; Grund für die Versicherung, die Haftung dafür zu verweigern
   b) die zur Übertragung des Eigentums an einem Grundstück erforderliche Einigung zwischen Erwerber und Veräußerer
   c) Handlungsanweisung beim Kieferorthopäden

9. Was ist eine Ersitzung?
   a) Sitzung, bei der nur ein männlicher Richter anwesend ist
   b) Erwerb von beweglichen Sachen durch Zeitablauf (gemäß §§ 937ff BGB)
   c) Recht in bayerischen Lokalen auf einen Platz am Stammtisch

10. Was sind Knebelungsverträge?
   a) Verträge, mit denen Bordellbesitzer versuchen, die Haftung im Falle von Verletzungen durch Fesselpraktiken auszuschließen (rechtlich unwirksam)

b) Vertragsabschlüsse, welche die wirtschaftliche Machtstellung einer Partei unangemessen ausnutzen

c) vertragliche Verabredungen zu wechselseitigen Sadomaso-Sitzungen

Auflösung: 1. b); 2. b); 3. c); 4. b); 5. a); 6. b); 7. b); 8. b); 9. b); 10. b)

Kuriose Steuern und Gebühren

Schöner die GEMA-Kassen nie klingeln, als zu der Weihnachtszeit …?

Mitarbeiter der »Gesellschaft für musikalische Aufführungs- und mechanische Vervielfältigungsrechte GEMA« kümmern sich um Tantiemen für Liedtexter und Komponisten. Im Interesse größtmöglicher Erlöse beschreiten sie dafür auch ungewöhnliche Wege. So tauchten sie 2010 überraschend in Kindergärten auf und fragten, ob denn dort auch Advents- und Weihnachtslieder gesungen werden. Falls ja, auf welcher Textgrundlage denn? So soll erreicht werden, dass kein Kinderlied mehr einfach aus Liederbüchern kopiert wird, ohne dass die GEMA dies erfährt und in Rechnung stellt. Bundesweit seien etwa 36.000 Kindertagesstätten betroffen. Für bis zu 500 Kopien sollen laut Vertrag 56 Euro bezahlt werden. Zu diesem Zweck sollen penibel Listen darüber geführt werden, welche Lieder gesungen werden. Ob sich der Aufwand lohnt? Immerhin können die lieben kleinen Sängerinnen und Sänger ja noch gar nicht lesen, und die meist traditionellen Weihnachtslieder sind längst Allgemeingut, die Urheber lange tot und die Rechte deshalb gemeinfrei.

Von der Matratzenmaut bis zur Sexsteuer: Kuriose neue Steuern

Deutsche Städte haben Finanzprobleme, und Not macht bekanntlich erfinderisch. So haben zahlreiche deutsche Kommunen scharf nachgedacht und kürzlich neben der ihnen zustehenden Gewerbe- und Grundsteuer weitere örtliche Steuern eingeführt, die man kaum für möglich hält.

Sexsteuer

Wer in Köln Straßenstriche, Bordelle oder Swingerklubs frequentiert, lindert auch die öffentliche Finanznot. Die Domstadt hat bereits vor einigen Jahren beschlossen, auf das Sexgewerbe Vergnügungssteuer zu erheben. Eine Prostituierte muss sechs Euro pro Arbeitstag zahlen, maximal 150 Euro im Monat. Besitzer von Bordellen oder Sexklubs werden nach der Fläche ihrer Betriebe veranlagt, so sind drei Euro pro zehn Quadratmeter und Öffnungstag fällig. 2010 nahmen die Stadtväter so immerhin 850.000 Euro ein.

Bettensteuer

Die kreativen Kölner Stadtväter und -mütter haben nicht nur die Sexsteuer, sondern passend dazu auch gleich die Bettensteuer erfunden. Demnach sollen Hotelbesitzer künftig fünf Prozent des Übernachtungspreises abführen, die Stadt hofft auf jährliche Einnahmen von sieben Millionen Euro. Die offiziell »Kulturförderabgabe« genannte, im

Volksmund aber Matratzen-Maut getaufte Steuer ist bereits vom Finanzministerium als örtlicher Aufsichtsbehörde genehmigt worden, es ist aber noch eine Klage des Hotelverbandes vor dem Verwaltungsgericht dagegen anhängig. Wenn die Klage abgewiesen wird, wollen auch Städte wie Lübeck und Göttingen die Steuer einführen.

Windradsteuer

Im offenbar windigen brandenburgischen Luckau hat der zweifelsohne findige Gemeinderat eine Windradsteuer beschlossen. Je nach Leistungsfähigkeit der Anlage sind 3500 bis 4500 Euro pro Anlage abzuführen.

Solariumsteuer

In Essen ist geplant, dass Solarienbetreiber monatlich 20 Euro pro Sonnenbank in den Stadtsäckel zahlen. Begründet wird diese »Bräunungsabgabe«, die der Stadt jährlich 150.000 Euro bringen soll, mit dem Gesundheitsschutz der Bürgerinnen und Bürger.

Luftsteuer

Notleidende Kommunen besteuern mittlerweile sogar die Luft. So muss etwa in Essen eine Sondernutzungsgebühr abführen, wer an einem Baugerüst ein großes Werbeplakat anbringen will. Ähnliches gilt in Fürth: Wenn ein Werbeplakat an einem Privatgebäude befestigt wird, dieses dann aber vom Grundstück teilweise in den öffentlichen Raum ragt, wird eine Abgabe fällig, je nach Größe 500 bis 1000 Euro pro Jahr. Nicht nur in Fürth, sondern auch in vielen anderen deutschen Städten gilt das auch für Zigaretten-

und Kaugummiautomaten, die an einer privaten Hauswand angebracht sind, aber auf den Gehweg ragen. Bei diesen Geräten werden 25 bis 125 Euro kassiert.

Diese Steuern sind kein Vergnügen: Kuriose geltende Steuern

Einige schon ältere Landes- oder Bundessteuern verwundern noch heute.

Biersteuer

Bereits im Mittelalter wurde Bier besteuert. Was früher Bierziese, Bierpfennig, Trankgeld oder Malzaufschlag hieß, wird heute noch unter dem Begriff Biersteuer erhoben. Jährlich kommen so über 800 Millionen Euro zusammen.

Branntweinsteuer

Wenn besonders viele besonders »harte« Getränke konsumiert werden, bekommt der Finanzminister glänzende Augen vor Freude: Denn die Höhe der »Promillesteuer« steigt mit dem Alkoholgehalt. Für eine Flasche Likör sind zwei Euro fällig, für eine Flasche Korn schon drei Euro. Dank der Branntweinsteuer landen rund zwei Milliarden Euro jährlich beim Fiskus.

Kaffeesteuer

Nicht nur Alkoholfreunde, sondern auch Kaffeetrinker tragen zur Erheiterung der Finanzminister bei. Pro Pfund Röstkaffee sind etwa 1,10 Euro Steuern bzw. 2,40 Euro bei löslichem Kaffee abzuführen. Das vermehrt den Staatshaushalt jährlich um rund eine Milliarde Euro.

Schaumweinsteuer

Ursprünglich 1902 von Kaiser Wilhelm II. zur Finanzierung der kaiserlichen Kriegsflotte beschlossen, lebt die Sektsteuer auch nach Untergang der Dampfer und Abschaffung der Monarchie als republikanische Schaumweinsteuer weiter. Pro Flasche Sekt geht etwa ein Euro an den Fiskus, bei Champagner, Prosecco, Sherry oder Portwein noch mehr. Alles in allem kommen unterm Strich so jährlich etwa 450 Millionen Euro zusammen.

Vergnügungssteuern

Vergnügen im Sinne des Steuerrechts wird empfunden bei öffentlichen Tanzveranstaltungen, Filmvorführungen sowie bei der Benutzung von Spielautomaten, Billardtischen oder Kegelbahnen. 500 Millionen Euro spielt der Fiskus damit vergnüglich ein.

Wasserpfennig

Der Wasserpfennig muss auch nach Einführung von Euro und Cent noch in Bundesländern wie Baden-Württemberg oder Nordrhein-Westfalen für die Nutzung von Grundwasser oder Oberflächenwasser abgeführt werden. Die Einnahmen kommen u.a. den Bauern zugute als Ausgleich dafür, dass sie zum Schutz des Grundwassers weniger düngen als früher (und ihre Felder deswegen weniger Ertrag bringen).

Wett- und Lotteriesteuern

Eine besondere Form der Vergnügungssteuern sind die Rennwett-, Lotterie- und Sportwettsteuern. 20 Prozent von jedem Lottoeinsatz und 16 Prozent bei Sport- und Pferdewetten werden so fällig.

Spatzensteuer statt Spitzensteuer: Kuriose längst abgeschaffte Steuern

Zar Iwan der Schreckliche aus Russland war ein sehr kreativer Steuererfinder: Seine Idee waren u.a. die Bartsteuer (Bärtige, die keine Steuermarke aus Kupfer vorweisen konnten, wurden öffentlich rasiert) sowie Steuern auf die Beförderung von Beamten, Flintengelder, Salpetergelder, Festungsgelder und Schützensteuer.

Auch sein Nachfolger, Peter der Große, ließ kaum einen Lebensbereich unbesteuert: Luxussteuern wurden erhoben für Mützen und Stiefel, für Bäder und Eichensärge, für Gurken und Nüsse und für Bienen.

Ludwig XIV. aus Frankreich benötigte viel Geld für sein Leben als Sonnenkönig. Fenster-, Türen- und Kaminsteuern, Perücken-, Haarpuder-, Strumpf-, Stiefel- und Hutsteuern verschafften ihm hohe Einnahmen.

In den Niederlanden wurden Gardinen besteuert, was dazu führte, dass sich Niederländer auch nach Abschaffung dieser Steuer lieber in die Wohnungen schauen lassen, als Vorhänge vorzuziehen.

In England wurde ebenfalls eine Fenstersteuer eingeführt, aber längst wieder abgeschafft. Das erklärt aber, weshalb noch heute zahlreiche nahezu fensterlose, da mit zugemauerten Fenstern versehene Mietwohnungen zu sehen sind.

In Baden-Württemberg musste im 18. Jahrhundert jeder Untertan des Herzogs Karl Eugen jährlich eine Spatzensteuer in Form von zwölf lebenden Spatzen abliefern, um das Saatgut auf den Feldern zu schützen. Andernfalls drohte eine Geldbuße von zwölf Kreuzern.

Zu Beginn des 18. Jahrhunderts gab es offenbar zu viele Jungfrauen in Berlin. Um das zu ändern, mussten junge Mädchen in Berlin bis zu ihrer Heirat pro Monat zwei Groschen Jungfernsteuer an die Finanzkasse bezahlen.

In den letzten Jahrzehnten in Deutschland abgeschaffte Steuern

- Essigsäuresteuer
- Fahrradsteuer (Sie war die Vorläuferin der heutigen Kraftfahrzeugsteuer, die aber nicht mehr auf Fahrräder angewendet wird.)
- Leuchtmittelsteuer
- Speiseeissteuer
- Spielkartensteuer
- Süßstoffsteuer
- Teesteuer
- Zündwarensteuer
- Zuckersteuer

Erstaunliche Steuern aus den USA

Blaubeersteuer

Niemand weiß, warum es ausgerechnet Blaubeeren getroffen hat, aber jeder, der die Beeren anpflanzt, verkauft oder kauft, muss zusätzlich zur Umsatzsteuer eineinhalb Pennys pro Pfund an die Staatskasse von Maine abführen.

Drogensteuer

Sie wird »crack tax« genannt, bezieht sich aber auch auf Marihuana und Kokain. Sie muss in über 20 Staaten für den ohnehin illegalen Besitz von Rauschgift bezahlt und durch Steuermarken nachgewiesen werden.

Nacktsteuer

Im Mormonenstaat Utah muss jeder, der geschäftlich nackt oder halb nackt auftritt, eine zusätzliche Steuer von zehn Prozent bezahlen.

Nobelpreissteuer

Wenn ein US-Bürger einen Nobelpreis erhält, freut sich auch das Finanzamt mit. Denn jeder Preisträger muss das Preisgeld von rund einer Million Euro versteuern, ein Grund, warum das Preisgeld oft gespendet wird.

Tattoosteuer

In Arkansas, der Heimat von Expräsident Bill Clinton, werden auf Tattoos und Piercings sechs Prozent Zusatzsteuer erhoben.

Interessante Bußgelder

Nicht jeder liebt die deutschen Straßenverkehrsvorschriften, man sollte jedoch genau überlegen, welche Verstöße man sich leisten will:

Verschmutzte, unlesbare Kennzeichen	5 €
Als Fußgänger nicht »zügig auf dem kürzesten Weg quer zur Fahrtrichtung« über die Straße gehen	5 €
Kein Erste-Hilfe-Kasten im PKW	5 €
Als Fußgänger bei Rot über die Ampel gehen	5 €
Bei stockendem Verkehr auf einen Zebrastreifen fahren	5 €
Als Fußgänger außerhalb geschlossener Ortschaften nicht am linken Fahrbahnrand gehen	5 €
Blinker nicht wie vorgeschrieben setzen	10 €
Vordrängeln beim Einparken in eine Parklücke	10 €
»Schallzeichen geben, die aus einer Folge verschieden hoher Töne bestehen«	10 €
Tiere im Fahrzeug, die Sicht oder Gehör des Fahrers beeinträchtigen	10 €
Nicht »Platz sparend« parken	10 €
Führerschein nicht mitführen	10 €
Blaues Blinklicht missbräuchlich verwenden	20 €
Innerhalb geschlossener Ortschaft »unnütz hin- und herfahren und dadurch einen anderen belästigen«	20 €
Übermäßig lautes Zuknallen der Autotür	20 €
Beim Radfahren Handy benutzen	25 €
Gas geben, wenn man überholt wird	30 €
Ein Kind ohne Schutzhelm auf einem Fahrrad befördern	40 €

Haltegebot eines Polizisten nicht befolgen	50 €
Kennzeichen mit Glas, Folien o.Ä. abdecken	50 €
Beim Rechtsabbiegen mit Grünpfeil vor dem Abbiegen nicht anhalten	70 €
Zu schnell fahren bei Glatteis	100 €
Als Führer eines Kraftfahrzeugs an einem unerlaubten Autorennen teilnehmen	400 € + 1 Monat Fahrverbot
Bekifft ein Fahrzeug führen	500 € + 1 Monat Fahrverbot

Quelle: Bußgeldkatalog-Verordnung

Kuriose Reiseerlebnisse

Kleine Flugreisezwischenfälle

Ich will hier raus, zum Ersten

Ein russischer Passagier hat sich die Flugangst an Bord eines Inlandsfluges von Simferopol auf der Krim nach Jekaterinburg offenbar erfolgreich weggetrunken. Als er in 10.000 Meter Höhe aus einem Schlummer erwachte, glaubte er sich in einem Linienbus, wollte diesen aber schnellstmöglich verlassen. Lauthals schreiend forderte er deshalb das Kabinenpersonal auf, die Tür zu öffnen und ihn aussteigen zu lassen. Als sich die Stewardessen im Interesse aller an Bord Befindlichen weigerten, rastete der Mann aus. Bei der nachfolgenden Schlägerei brach der 38-Jährige einem Steward den Arm, zudem erlitt der Flugbegleiter durch einen Schlag mit der Wodkaflasche eine Gehirnerschütterung. Nach der Landung wurde der Passagier festgenommen.

Aus den (blauen) Wolken direkt ins Gefängnis

Alkohol im russischen Luftraum hatte auch in einem anderen Fall unschöne Konsequenzen. Wegen Handgreiflichkeiten im Fluggastraum war ein Flugzeug gezwungen, einen ungeplanten Zwischenstopp in China einzulegen: Fünf betrunkene Russen hatten sich auf dem Rückflug von einem Bangkok-Aufenthalt in die russische Stadt Krasnojarsk Zigaretten angezündet. Die Besatzung, die einschreiten wollte, wurde kurzerhand verprügelt. Der offenbar davongekommene Pilot entschied sich zur Notlandung auf der südchinesischen Insel Hainan. Nach einem mehrstündigen Zwangsstopp flog die Maschine weiter nach Russland – ohne die prügelnden Passagiere. Diese wurden festgenommen und kamen in ein örtliches Gefängnis. Was seitdem mit ihnen passierte, ist unbekannt.

Ich will hier raus, zum Zweiten

Aber nicht nur Russen benehmen sich mitunter ungewöhnlich, wenn sie fliegen. Ein 80-jähriger Amerikaner geriet auf einem Flug der Philippine Airlines in Panik und versuchte, mit seinem Krückstock ein Fenster einzuschlagen, um das Flugzeug auf diesem ungewöhnlichen Weg zu verlassen. Bevor ihn die Besatzung überwältigen konnte, hatte er dem Fenster bereits einen Riss beigebracht, weil sein Stock eine Metallspitze hatte. Nach Angaben seiner Frau leidet der Mann an Wahnvorstellungen – er glaubte, ein Mörder sei in seiner Nähe.

Endlich weiß ich, was Papa den ganzen Tag über so macht

Als der vermeintliche Fluglotse sie mit den Worten »Adios, Amigos!« verabschiedete, wurde die Besatzung einer vom New Yorker John-F.-Kennedy-Flughafen startenden Maschine misstrauisch und fragte nach, wer ihnen denn da gerade über Funk Abfluganweisungen erteilt habe. Da stellte sich heraus, dass es nicht wirklich ein Profi war, der ihnen und zahlreichen weiteren Besatzungen zuvor die Starterlaubnis erteilt hatte. Es handelte sich vielmehr um den zehnjährigen Sohn eines Fluglotsen, der sich ans Funkgerät gesetzt und Kommandos gegeben hatte. Auf einer Funkaufnahme aus dem Tower, die von US-Fernsehsendern ausgestrahlt wurde, hörte man eine Männerstimme, wohl die des stolzen Papas, die den Piloten erklärte: »So ist das, Leute, wenn die Kinder schulfrei haben.« Die US-Luftverkehrsbehörde FAA hat die verantwortlichen Fluglotsen vom Dienst suspendiert.

Wer nicht spurt, fliegt (nicht)

Vor dem Rückflug von Lanzarote setzte der Pilot einer Billigairline 120 Passagiere vor die Tür. Zuvor hatte sich ein Mitglied einer Gruppe von Jugendlichen und Studenten aus Belgien bei der Stewardess über die Handhabung des Gepäcks beschwert. Der zur Streitschlichtung herbeigerufene Kapitän ergriff deutlich Partei zugunsten der Stewardess. Er ließ die Maschine räumen und startete mit einigen wenigen, nicht der Reisegruppe angehörenden Fluggästen an Bord Richtung Belgien. Erst nachdem sich das belgische Außenministerium einschaltete, war die Fluggesellschaft bereit, die auf Lanzarote zurückgebliebenen Passagiere auf andere Flüge zu verteilen und nach Belgien auszufliegen.

Es war nicht der erste Fall, bei dem die Airline mit ungewöhnlichem Kundendienst auffällig wurde: Statt in Paris war ein Flugzeug wetterbedingt im rund 400 Kilometer entfernten belgischen Lüttich gelandet. Die Fluggäste weigerten sich, an diesem Ort auszusteigen. Mit einem vierstündigen Sitzstreik versuchten sie, die Weiterreise durchzusetzen. Die davon völlig unbeeindruckte Besatzung ging in Lüttich von Bord, schaltete das Licht aus und verriegelte die Toiletten.

Ungewöhnlicher Leichentransport oder: »Wir dachten, Papa ruht sich nur aus«

Zwei Frauen auf dem Weg nach Berlin wurden am Liverpooler Flughafen verhaftet, als sie mit einer Leiche einchecken wollten. Als ein auf einem Rollstuhl festgeschnallter älterer Herr mit cooler Sonnenbrille beim Check-in kein Lebenszeichen von sich gab, erkundigte sich das Servicepersonal bei dessen Begleitung, seiner Ehefrau und seiner Stieftochter, nach dem Befinden des Mannes. Die Frauen beruhigten sie: »Der ruht sich nur etwas aus.« Als das Airlinepersonal insistierte und nach wie vor kein Lebenszeichen des 91-Jährigen zu erkennen war, stellte die alarmierte Polizei den Tod des Mannes fest. Die Berlinerinnen, so der Verdacht der Behörden, wollten offenbar die Kosten von mehr als 3000 Euro sparen, die eine ordnungsgemäße Überführung eines Leichnams nach Deutschland mit sich gebracht hätte. Sie wurden deshalb wegen unterlassener Anzeige eines Todesfalls angezeigt, aber auf Kaution freigelassen. Die Frauen zeigten sich überrascht vom Ableben des Ehemannes und Stiefvaters: »Er muss gestorben sein, als er vom Taxi in den Airport geschoben wurde.« Immerhin planten sie danach eine ordnungsgemäßere, wenngleich immer noch preisgünstige Rückführung: Witwe Gitta J. (66) sagte zu »Bild«: »Wenn die Leiche freigegeben wird, lasse ich Willi in England einäschern. Die Urne werde ich selbst in die Heimat bringen. Ich werde sie in einem

Koffer mitnehmen. Im Handgepäck hätte ich schon wieder Angst, dass die denken, da ist Rauschgift drin.«

Verdammt, auch das noch: Fluchen im Flugzeug verboten

Man hat sich ja daran gewöhnt, dass mittlerweile so allerlei, was früher noch erlaubt war, an Bord eines Passagierflugzeugs heutzutage verboten ist. Dass dazu aber neuerdings auch der Gebrauch des Wortes »Fuck« (»Verdammt«) gehört, war für einen 37-jährigen Amerikaner, der von Detroit nach New York fliegen wollte, doch überraschend. Als dieser unter Verwendung dieses Kraftausdrucks seine Meinung über die 45-minütige Verspätung des Flugzeugs vor dem Start gegenüber seinem Sitznachbarn kommentieren wollte, hatte er nicht bedacht, dass hinter ihm ein Flugbegleiter der Atlantic Southwest Airlines saß und alles mitbekam. Kurzerhand rief der die Polizei, die den Fluggast festnahm und aus dem Flugzeug führte. Immerhin verzichteten sie auf eine Verurteilung, er musste allerdings ein späteres Flugzeug einer anderen Airline nehmen.

Auch Bahnfahrer können was erleben

Wer aus dem Zug steigen will, sollte sich beeilen

Diese Erfahrung machte eine junge Mutter auf einer Bahnfahrt durch Brandenburg. Als sie mit ihrer zweijährigen Tochter in Pritzwalk aus dem Zug steigen wollte, kletterte zuerst sie selbst auf den Bahnsteig; ihre Tochter und den Kinderwagen ließ sie für Sekunden im Türbereich des Waggons zurück. Es gelang ihr dann zwar noch, den

Kinderwagen zu sich hinabzuholen, doch bevor sie auch noch ihr oben wartendes Kind ergreifen konnte, schlossen sich die Türen, und Mutter und Kind wurden jäh getrennt. Während die entsetzte Mutter auf dem Bahnsteig zurückblieb, fuhr der Zug mit dem Kleinkind davon. Die von der Mutter sofort alarmierte Bahnverwaltung weigerte sich, den Zug stoppen zu lassen. Allerdings wurde dessen Schaffner informiert, dass er nicht nur als Zug-, sondern bis zum nächsten Halt auch als Kinderbetreuer fungieren müsse. In Neuruppin schließlich wurde das Kind aus dem Zug gebracht, und kurz danach waren Mutter und Tochter wieder vereint.

Der Pfiff ins Ohr des Fahrgastes als vermeintliche Notwehrhandlung

Die Zugbegleiterin eines Nachtzuges störte sich an einem auf dem Boden des Fahrradabteils schlafenden Fahrgast. Sie weckte ihn gegen 1.30 Uhr in der Nacht unsanft durch einen kräftigen Pfiff in ihre Trillerpfeife. In welcher Entfernung zum Schläfer die Schaffnerin die Pfiffe abgegeben hat, ist streitig geblieben. Der Kläger behauptete, die Dame habe sich zu ihm auf den Boden heruntergebeugt und ihm dann aus unmittelbarer Nähe mit der Trillerpfeife in sein linkes Ohr gepfiffen. Demgegenüber haben die Bahnjuristen argumentiert, die Schaffnerin habe lediglich im Stehen und also aus einiger Entfernung gepfiffen, und dies auch nur deshalb, weil der Kläger auch nach persönlicher Ansprache nicht erwacht sei. Aus Sicherheitsgründen habe er keinesfalls auf dem Boden des Fahrradabteils nächtigen dürfen.

Der aufgeweckte Fahrgast verklagte die Deutsche Bahn auf Schmerzensgeld. Seit jenem unsanften Erwachen leide er an einem dauerhaften Tinnitus. Das Gericht schloss sich nach Einholung eines medizinischen Gutachtens der Auffassung des Fahrgastes an. Die Schaffnerin habe eine vorsätzliche Körperverletzung begangen. Die Pfiffe stellten entgegen der Meinung der Bahn auch keine zur Einhaltung der Sicherheitsvorschriften erforderliche Notwehrhandlung gegen den erkennbar schlafenden Fahrgast dar. Der Kläger hat nach Feststellungen des Gerichts friedlich auf dem Boden gelegen, was der Schaffnerin gerade Anlass hätte geben müssen, besonders »milde« zu reagieren, beispielsweise hätte sie kräftig neben dem Kläger auftreten oder ihn auch leicht mit dem Fuß anstupsen können. Ein Schmerzensgeld von 2500 Euro wurde deshalb für angemessen erachtet. (Oberlandesgericht Hamm)

Ach wie gut, dass niemand weiß, wie der Zugbegleiter wirklich heißt

Als die Bahn für ihr fahrendes Personal Namensschilder einführte, sollte dies eine persönliche Ansprache durch die Fahrgäste ermöglichen. Von dieser Möglichkeit machten immer mehr Bahnnutzer so rege Gebrauch, dass es nötig wurde, die Führung von Pseudonymen zu gestatten. Immer häufiger werden Schaffner und Zugführer von Fahrgästen verbal angegangen, Beleidigungen, Beschimpfungen und Bedrohungen wie »Ich finde dich« sind nicht mehr selten und Anlass für Mitarbeiter, den Vornamen abzukürzen oder wegzulassen oder gleich Vor- und Nachname zu ändern. Wie viele Zugbegleiter mittlerweile mit

Pseudonym unterwegs sind und welches die beliebtesten sind, war nicht in Erfahrung zu bringen.

Wer reist, hat Recht

Schnarchen mindert Reisekosten

Ein Tourist, der für eine 16-tägige Amazonasreise ein Einzelzimmer gebucht hatte, musste vor Ort zu seinem Bedauern feststellen, dass der Reiseveranstalter es leider für vier Nächte nicht geschafft hatte, ihm auch tatsächlich ein Einzelzimmer zu besorgen. Stattdessen musste sich der Mann in dieser Zeit einen Schlafraum mit einem oder teilweise mehreren Mitreisenden teilen. Diese jedoch gehörten anscheinend der Fraktion der »menschlichen Sägen« an, sodass der Mann wegen der lauten Schnarchgeräusche seiner Zimmergenossen die ganzen vier Nächte kein Auge zutun konnte. Er verklagte daraufhin den Reiseveranstalter. Dafür, dass der Schlaf eine heilige Angelegenheit ist, hatten die Richter offenbar vollstes Verständnis und entschieden, dass dem Mann für die besagten Tage der Reisepreis zu erstatten war. (Amtsgericht Königstein)

All inclusive

Zwar hatte der Kläger eine All-inclusive-Reise gebucht, war jedoch nicht davon ausgegangen, dass dabei auch ein entsprechendes Armbändchen zur Kennzeichnung »all inclusive« sein sollte. Zum dauerhaften Tragen eines solchen Plastikbandes nämlich zwang das Hotel seine Gäste. Einmal am Handgelenk angebracht, konnten die Bänder weder zum Schlafen, Sonnen noch Duschen usw. abgelegt werden, und auch außerhalb der Hotelanlage war man durch sie ganz eindeutig als Tourist geoutet.

Das angerufene Gericht qualifizierte diese Zwangskennzeichnung als Reisemangel und sprach dem Kläger eine Minderung von fünf Prozent des Reisepreises zu. Schließlich hätte es auch weniger beeinträchtigende Möglichkeiten gegeben, die berechtigten Hotelgäste zu kennzeichnen, z.B. durch Lichtbildausweise. (Landgericht Frankfurt am Main)

Trinkgeld oder Bestechungsgeld?

Ein All-inclusive-Problem anderer Art hatten zwei Kubareisende: Ihre drei Urlaubswochen hatten sie in einem Grand Hotel mit Vollpension inklusive jeglicher Getränke gebucht. Abgesehen von diversen anderen Mängeln wurden zudem jedoch weder Cocktails noch internationale Getränke noch unbegrenzt Bier gereicht. Auch habe sich das Personal generell nur gegen die Vorab-Zahlung von Trinkgeld dazu bequemt, Alkohol zu servieren.

Das Fehlen von Cocktails oder unbegrenzten Biervorräten fanden die Richter nun gar nicht so schlimm. Das stelle keinen Reisemangel dar, denn wären diese Alkoholika in unbegrenzten Mengen vorhanden gewesen und hätten die Kläger das entsprechend ausgenutzt, dann wäre das doch eh nur gesundheitsschädlich für sie gewesen. Für die permanente »Trinkgelderpressung« hingegen hielt das Gericht eine Reisepreisminderung von fünf Prozent für angemessen. (Amtsgericht Köln)

Immer diese Eingeborenen

Die bestürzende Entdeckung, bei seinem Urlaub im Ausland tatsächlich auf Ausländer zu treffen, nämlich Einheimische, bewog einen Touristen dazu, nach der Rückkehr in die Heimat deshalb seinen Reiseveranstalter zu verklagen. Denn dass der dem Hotel nächstgelegene Strand tatsächlich auch von Einheimischen benutzt wurde, die dort zu allem Überfluss auch noch Spaß hatten, statt einfach nur brav und lautlos herumzuliegen, wollte er nicht hinnehmen.

Die Richter jedoch konnten dafür kein Verständnis aufbringen: Die Tatsache, dass Einheimische den Strand benutzen und dabei eventuell auch einen gewissen Lärmpegel verursachen, stelle keinen Reisemangel dar. (Amtsgericht Aschaffenburg)

Rüpelnde Russen

Dass auch Russen im Türkei-Urlaub ein Stein des Anstoßes sein können, zeigt folgender Fall: Ein Paar verlangte von seinem Reiseveranstalter eine Reduzierung des Reisepreises u.a. deshalb, weil 80 Prozent der anderen Gäste in der türkischen Hotelanlage Russen waren und man ständig deren »rüpelhaftem und unmöglichem Benehmen« ausgesetzt gewesen sei.

Vor Gericht hatten sie damit jedoch keinen Erfolg. Denn mit anderen Nationalitäten in einem Hotel müsse ein Reisender grundsätzlich rechnen, und die Bezeichnungen »rüpelhaft« und »unmöglich« seien ein rein subjektives Werturteil, ein nachvollziehbarer Tatsachenkern sei darin aber nicht zu erkennen.

Insgesamt wurde den Urlaubern aber dennoch eine Minderung zugesprochen – neben den vielen Russen gab es nämlich noch zahlreiche andere Mängel: Personal, das auf Türkisch über die Gäste lästerte, am Strand Scherben statt Schirme, massenhaft Haare und Schwitzspuren von vorherigen Gästen auf der Bettwäsche usw. Letzteres übrigens kommentierte das Gericht interessanterweise mit den Worten, dies sei selbst »in einem preiswerten Drei-Sterne-Hotel in der Türkei nicht hinnehmbar«. (Landgericht Düsseldorf)

Rülpsende Proleten

Auch wenn sich Proleten ins Luxushotel verirren, stellt das zum Leidwesen so manches kultivierten Urlaubers keinen Reisemangel dar. Dies musste ein Kläger erfahren, der zwei Wochen Tunesienurlaub in einem 5-Sterne-Hotel gebucht hatte. Hotelmäßig war so weit alles in Ordnung. Bald schon wurde die Idylle aber jäh gestört durch einige Gäste, die durch ihr »einfach strukturiertes Niveau« unangenehm auffielen. Diese hatten ursprünglich das benachbarte 3-Sterne-Hotel gebucht, dann aber wegen dessen Überbuchung ein Upgrade in das 5-Sterne-Etablissement erhalten. Dort erschienen sie nun ungehobelt, aber munter in Badekleidung zum Essen, strömten Körpergeruch aus und rülpsten vor sich hin. Das fand der Kläger unerhört und verlangte deshalb vom Reiseveranstalter eine Reduzierung seines Urlaubspreises.

Aber selbst ein hanseatischer Richter konnte dafür kein Verständnis aufbringen. Man lebe nun mal im Zeitalter des Massentourismus, und da sei es eben allen Bevölkerungsschichten möglich, Fernreisen anzutreten. Ein spezielles Luxushotel-Publikum gäbe es schon lange nicht mehr. Eine gewisse Prise Süffisanz lässt sich aber zwischen den Zeilen des Urteils dennoch herauslesen: Bei einem Preis von rund 900 Euro pro Person für 14 Tage Urlaub inklusive Flug und Halbpension hätte der Kläger doch wohl nicht davon ausgehen können, dass man sich »ausschließlich unter besonders wohlbetuchten Mitreisenden aufhalten werde«. (Amtsgericht Hamburg)

Blondine mit grünem Haar

Mit diesem Effekt hatte eine Blondine im Spanienurlaub nicht gerechnet: Nach einem erfrischenden Bad im Hotelpool entstieg sie dem kühlen Nass eher wie eine Meerjungfrau. Denn das zu stark gechlorte Wasser hatte ihre blondierten Haare grün anlaufen lassen!

Solche unfreiwilligen »Beauty-Treatments« gehen jedoch zu weit, fand das Gericht. Interessanterweise musste sich die Dame zwar ein gewisses Mitverschulden anrechnen lassen, da der (vermutlich männliche) Richter der Meinung war, sie hätte eine Bademütze tragen sollen, der Reiseveranstalter wurde aber dennoch zu einer Reisepreisminderung verurteilt. (Amtsgericht Bad Homburg)

Keine Garantie für Sonnenschein

Auch wenn der Reiseprospekt Sonnenschein und Wärme verspricht, der Wettergott muss sich daran nicht halten. Und entsprechend kann auch der Reiseveranstalter nicht verklagt werden, wenn es im Urlaub einmal regnet. Das bekam ein Reisender nun gerichtlich und schwarz auf weiß bestätigt. Seine Klage, ihm sei das Wetter am Roten Meer zu kühl und regnerisch gewesen, wies das Gericht ab. Schlechtes Wetter mag einem zwar den Urlaub »verregnen«, begründet aber keine Schadensersatzpflicht. (Amtsgericht Stuttgart-Bad Cannstatt)

Flugverbot bei Deo-Versagen

Airport Honolulu. Rückflug nach Düsseldorf. Als der Sitznachbar neben ihr Platz nimmt, verschlägt es der Passagierin den Atem. Ein für sie unerträglicher Körpergeruch schlägt ihr entgegen. Sie beschwert sich beim Flugbegleiter. Dieser fordert den Sitznachbarn auf, sich umgehend ein frisches Hemd anzuziehen. Nur, woher nehmen, wenn sich sämtliche frische Kleidung im Koffer und dieser im Gepäckraum des Flugzeugs befindet? Es sind nur noch zwei Minuten bis zum Start, aber der Steward beschließt kurzerhand, den miefenden Herrn des Flugzeugs zu verweisen. Quasi winke-winke wegen stinke-stinke …

Da der Mann deshalb erst einen Tag später als geplant wieder in der Heimat landen konnte, verklagte er die Fluggesellschaft auf Schadensersatz. Die erste Instanz wies seine Klage ab. Denn der Kläger habe selbst vorgetragen, dass er bei tropischen Temperaturen in Honolulu mit drei Koffern zum Flughafen gefahren sei und sich dann in nicht klimatisierten Räumen aufgehalten habe. Schon dieser Schilderung lasse sich doch entnehmen, dass es hier »nicht allein um ein paar Schweißtropfen ging«. Die zweite Instanz jedoch verurteilt die Fluggesellschaft zu Schadensersatz. Argument: Wenn der Mann wirklich so penetrant gerochen habe, dann hätte das bereits beim

Einchecken auffallen müssen, und der Mitarbeiter der Airline hätte den Passagier dort auffordern können, dem »Beförderungshindernis« bitte abzuhelfen. Zu diesem Zeitpunkt, die Koffer waren da ja noch nicht eingecheckt, wäre er dann noch ohne Weiteres in der Lage gewesen, sich ein frisches Hemd anzuziehen. (Oberlandesgericht Düsseldorf)

San José oder San José?

Ein Familienvater buchte für sich und seine Familie über eine Internet-Plattform vier Flüge nach San José. Das Problem war nur: Der Mann wollte nach San José in Kalifornien reisen. Dass er jedoch versehentlich auf ein anderes San José geklickt und deshalb Flüge in die gleichnamige Hauptstadt von Costa Rica erworben hatte, wurde der Familie erst später bewusst. Sehr viel später, nämlich dann, als sie am Flughafen bereits am Check-in-Schalter stand. Die rund 9000 Euro, für die man nun neue Flugtickets nach San José in den USA erwarb, wollte die Familie in der Folge von dem Internet-Reiseportal ersetzt bekommen. Dieses hätte einen doch schließlich spätestens bei der Buchungsbestätigung noch einmal darauf hinweisen müssen, dass man einen Flug nach Costa Rica gebucht habe.

Die Klage wurde abgewiesen. Wer das Internet nutzt, so die Richter, lasse sich bewusst auf dessen Möglichkeiten und Vorteile ein, müsse dann aber andererseits auch die damit verbundenen Risiken in Kauf nehmen. Und dazu gehöre eben auch die Möglichkeit, sich versehentlich zu »verklicken«. (Landgericht München I)

Grufties statt Jack Sparrow

Größer hätte der Schock für die beiden frischgebackenen Abiturientinnen womöglich nicht sein können: Da wollten sie die bestandenen Prüfungen mit einer »Piratenkreuzfahrt« feiern, die sich laut Angaben des Reiseveranstalters ausschließlich an junge Leute richtete. Wegen Überbuchung des eigentlichen Schiffes wurden sie aber leider auf ein Ersatzschiff verfrachtet, auf dem sich ausschließlich »Best Ager«-Reisende im Alter von über 75 Jahren befanden. Statt Piratenschiff in den Augen der Jugendlichen also wohl eher Geisterschiff …

Dafür hatte auch das angerufene Gericht Verständnis und sprach eine deutliche Reisepreisminderung zu. (Landgericht Frankfurt am Main)

Freilaufende Wachhunde

Da hatte es der Eigentümer des Ferienhauses in Portugal wohl etwas zu gut gemeint mit der Sicherheit. Denn zum Schutz seines Anwesens und seiner Gäste ließ er dort ständig seine großen Wachhunde frei herumlaufen. Einbrecher sah man deshalb auf dem Grundstück keine – leider aber auch nicht die deutschen Urlaubsgäste, die das Haus für drei Wochen gemietet hatten. Denn aus Angst vor den Hunden konnten sie weder den Pool noch weite Teile des Gartens nutzen. Eine Einschränkung, für die ihnen vor Gericht eine 50-prozentige Reisepreisminderung zugesprochen wurde. (Amtsgericht Köln)

Gehirnerschütterung durch Schuh an Kopf

»Amüsante Abendshows im Club-Theater« versprach der Reisekatalog für den »R-Club«, in welchem eine Frau für sich und ihre kleine Tochter eine Woche Pauschalurlaub gebucht hatte. Am vorletzten Tag ihres Aufenthalts wollten Mutter und Tochter eine solche amüsante Entertainment-Veranstaltung dann einmal genießen. Die Animateurin hatte an diesem Abend eine Wetten-dass-Show aufgezogen und bot einem anderen Kind die folgende Wette an: »Wetten, dass es deiner Mama nicht gelingt, in zwei Minuten 60 verschiedene Schuhe einzusammeln!« Daraufhin begannen die Zuschauer gleich freudig, Schuhe auf die Bühne zu werfen. Allerdings nicht allzu treffsicher, denn ein Stöckelschuh »mit hohem, spitzem Absatz« verfehlte sein Ziel und landete stattdessen am Hinterkopf der in der ersten Reihe sitzenden Mutter. Kopfschmerzen, Benommenheit, Übelkeit und Erbrechen waren die Folge, und zurück in Deutschland diagnostizierte der Hausarzt tatsächlich eine Gehirnerschütterung. Zwar klangen die Symptome nach gewisser Zeit ab, doch nach einigen Monaten erlitt die Frau wieder Kopfschmerzattacken, und in der Folge zeigten sich bei ihr Sprach- und Koordinationsstörungen, bei denen ihr Gegenstände aus der Hand fielen. Daraufhin verklagte die Frau den Reiseveranstalter auf Reduzierung des Reisepreises, Ersatz der Heilbehandlungskosten und Schmerzensgeld.

Sie bekam recht, denn der Bundesgerichtshof sah in dem Schuh-Unfall einen Reisemangel, der den Wert bzw. Nutzen der Reise schmälerte bzw. ganz aufhob. Es sei jedoch Aufgabe des Reiseveranstalters, dafür zu sorgen, dass genau so etwas nicht passiere. (Bundesgerichtshof)

Das große Rechtsquiz, Teil 4

1. Was ist ein »Schein-Vater«?
   a) ein Mann, der zwar in der Geburtsurkunde als Vater eines Kindes eingetragen ist, jedoch kein Sorgerecht für dieses Kind hat
   b) ein Mann, der der rechtliche, nicht aber genetische Vater eines Kindes ist
   c) umgangssprachlich für »Papa, wo bleibt das Taschengeld?«

2. Was ist eine Fahrnis?
   a) alte juristische Bezeichnung für »bewegliche Sache« (im Gegensatz zu »unbewegliche Sache«)
   b) Synonym für »Fahrlässigkeit«
   c) Begriff aus dem Verwaltungsrecht für die Widmung einer Straße/eines Weges für den Straßenverkehr

3. Was bezeichnet ein Geschmacksmuster?
   a) Handlungsanweisung für Speiseeistester
   b) vor Abschluss eines Vertrages vom Verkäufer vorgelegtes Muster, welches bindend für die Beschaffenheit der später zu liefernden Ware ist
   c) gewerbliches Schutzrecht

4. Was bezeichnet ein Streckengeschäft?
   a) Absprache unter Folterknechten
   b) Handelsgeschäft mit mehr als zwei Beteiligten
   c) fliegende Händler entlang von Hauptverkehrsstrecken

5. Was ist ein Ausreißer?
   a) flüchtiger Strafgefangener
   b) flüchtiger Jugendlicher
   c) fehlerhaftes Produkt einer ansonsten fehlerfreien Produktionsreihe

6. Was ist ein Insichgeschäft?
   a) Abschluss eines Vertrages, der von der Rechtsfolge her in sich widersprüchlich ist
   b) Abschluss eines Rechtsgeschäfts mit sich selbst
   c) Begriff aus dem Ordnungswidrigkeitenrecht für autoerotische Handlungen in der Öffentlichkeit

7. Was ist eine Organhaftung?
   a) Begriff aus dem Medizinrecht, die Haftung bei Organtransplantationen betreffend
   b) Begriff aus dem Gesellschaftsrecht, die Haftung der juristischen Person für das Handeln ihrer gesetzlichen Vertreter (Organe) betreffend
   c) Begriff aus dem Gesellschaftsrecht, die Haftung der gesetzlichen Vertreter (Organe) für die juristische Person (z.B. Verein) betreffend

8. Was ist unter einem Fixgeschäft zu verstehen?
   a) Vertrag zwischen Dealern über den Verkauf berauschender Substanzen
   b) Rechtsgeschäft unter Zeitdruck
   c) Rechtsgeschäft, dessen wesentlicher Inhalt die Erfüllung zu einem bestimmten Termin ist

9. Was ist ein Unisextarif?
   a) Versicherungstarife, bei denen das Geschlecht des Versicherungsnehmers kein Tarifkriterium ist
   b) Preisgestaltung von Callgirls in Hochschulnähe
   c) Besoldungsgruppe von Universitätsangestellten (eingeführt im Zuge der Quotenregelung)

10. Was ist eine Vertragsuntreue?
   a) Nichteinhalten vertraglicher Regelungen
   b) Regelung im Ehevertrag, wonach Untreue eines Ehepartners keine Auswirkungen auf die Güterverteilung im Scheidungsfalle hat
   c) Toleranzpflicht in Eheverträgen

Auflösung: 1. b); 2. a); 3. c); 4. b); 5. c); 6. b); 7. b); 8. c); 9. a); 10. a)

Kurioses von Tieren und Menschen

Tierische Klagen

Wer den Bussard stört …

Wie hätten Sie in diesem Fall entschieden? Ein Mann nahm mit seinem Bussard an einer Jagd teil. Aus ungeklärten Gründen kam der Greifvogel jedoch vom rechten »Jagdweg« ab und verirrte sich stattdessen auf einen Bauernhof. Dort griff er dann ersatzweise ein Huhn an. Der Bauer, der die Attacke sah, warf sich kurzerhand zwischen die Streitvögel, um seine Henne zu retten, woraufhin ihn der erschrockene Bussard in den Handrücken hackte und dort eine blutende Fleischwunde hinterließ. Das wiederum ließ sich der Landwirt nicht gefallen und tötete den Bussard. Der Eigentümer des Jagdvogels forderte daraufhin Schadensersatz in Höhe von 2500 Euro. Berechtigt? Oder durfte der Landwirt zum Schutz seines Huhnes den angreifenden Vogel töten?

Das Landgericht Coburg jedenfalls wies die Klage des Bussard-Eigentümers ab und stellte fest, dass der Landwirt nicht unangemessen gehandelt habe, denn noch schlimmere Verletzungen durch den Greifvogel hätte er nicht in Kauf nehmen müssen. (Landgericht Coburg)

Können Hunde erben?

So etwas hatten die Richter am Landgericht Bonn auch noch nicht gesehen: Sie mussten über ein Testament urteilen, in welchem ein Mann seinen Hund »M« zum Erben eingesetzt hatte. Das klang so:

»Für den Fall meines Todes, sofern *M* noch lebt, setze ich ihn als Erben ein. Ich vererbe *M* dem V (Anm.: V ist ein Freund/Bekannter). *M* erhält die Häuser, die V instand halten muss. Er muss ihn gut behandeln, füttern und impfen lassen, einmal im Jahr. Die Kosten des Hundes muss er von der Miete aufbringen. Vernachlässigt er, auch jeden Tag *M* zwei Stunden auszuführen, so verfällt alles an den Kindergarten ...«

Wer war nun rechtmäßiger Erbe geworden, der Hund oder etwa der V, dem der Hund vermacht worden war?

Keiner von beiden, entschieden die Richter, denn Tiere können nicht erben, und dafür, dass der V anstelle des Hundes der Erbe sein sollte, gab es keinen Auslegungsspielraum im Wortlaut des Testaments. Stattdessen erbten die Halbbrüder des Verstorbenen. (Landgericht Bonn)

Todesstrafe für einen Hund mit Anwaltsseele

Man hört ja öfter den umgekehrten Vorwurf gegen Anwälte, aber ein Rabbinergericht in Jerusalem ist doch tatsächlich der Auffassung, dass ein streunender Hund eine Anwaltsseele besäße und deshalb zu töten sei. Ein Anwalt hatte die Rabbiner vor 20 Jahren beleidigt. Er wurde deshalb von ihnen dazu verflucht, dass seine Seele in einen Hundekörper übergehen muss. Als nunmehr ein Hund in ein örtliches Gericht eindrang und sich nicht mehr vertreiben ließ, war den Rabbinern rasch klar, dass es sich um den Anwalt von damals handeln müsse. Da Hunde als unrein gelten und getötet werden dürfen, machten die Rabbiner nun kurzen Prozess und verhängten das Urteil: Tod durch Steinigung.

Hände weg von Mülleseln!

Dass man sich besser nicht mit ausländischen Eseln anlegt, musste ein zehn Jahre alter Bub im Tunesienurlaub auf die schmerzliche Tour erfahren. In der als besonders kinderfreundlich beworbenen Hotelanlage entdeckte er bei einer kleinen Abenteuerexkursion auf einer Wiese hinter der Hotelküche einen dort angepflockten Esel und hielt ihn wohl für ein Streicheltier des Hotel-Kinderklubs. Weit gefehlt. Als er sich dem Tier mit ausgestreckter Hand näherte, biss dieses ihm, statt freudig seine Streicheleinheiten zu empfangen, ohne Umschweife deftig in den Unterarm.

Die daraufhin erhobene Schmerzensgeldklage des Jungen wurde jedoch abgewiesen. Zum einen, weil das Hotel vortrug, das Tier gehöre überhaupt nicht zur Anlage, sondern einem Dritten, der mit dessen Hilfe den Müll vom Hotelstrand wegschaffe. In einem Land wie Tunesien stellten Esel eben landestypische Arbeitstiere dar, da dürfe man nicht automatisch davon ausgehen, dass es sich um ein kinderfreundliches Streicheltier handle. Und zum anderen sei das Tier ansonsten immer gutartig gewesen, sodass der Biss nur dadurch zu erklären sei, dass der Bub den Esel wohl geärgert und drangsaliert habe. Das Gegenteil konnte der junge Kläger mangels Zeugen leider nicht beweisen. (Oberlandesgericht Celle)

Vom Affen gebissen

Noch ein Beißerfall: Bei einem Zoobesuch entdeckte Frau S. ein Affengehege, das von sechs Totenkopfäffchen bewohnt wurde. Da es sich dabei um ein sogenanntes Freilaufgehege handelte, welches von den Besuchern über eine Schleuse betreten werden durfte, begab sie sich hinein. Kaum im Käfig, sprang ihr auch schon eines der Äffchen auf den Kopf. Vor lauter Schreck riss die Dame reflexartig beide Hände hoch. Dies erschreckte wiederum den Affen derart, dass er ihr, wohl ebenfalls reflexartig, in die linke Hand biss. Der gebissene Zeigefinger infizierte sich, und die Frau musste sich in der Folge ganze zwei Wochen stationär in einer Klinik behandeln lassen. Um den dadurch entstandenen Schaden ersetzt zu bekommen, verklagte ihre Krankenkasse daraufhin die Zoobetreiberin.

Die Klage wurde abgelehnt. Argument: Am Eingang des Geheges befanden sich zahlreiche Warnschilder, hätte die Frau diese beachtet und sich entsprechend im Gehege verhalten, also z.B. nicht die Hände ruckartig nach oben gerissen, so wäre es zu dem Biss nicht gekommen.

Recht amüsant liest sich dabei der Sachverhalt der Entscheidung, denn demnach muss es sich bei den Warnschildern um einen wahren Schilderwald gehandelt haben. Hier einige Beispiele: »Betreten auf eigene Gefahr«, »Affen sind sehr neugierig, können aber auch empfindlich zubeißen!«, »Bitte Ruhe! Machen Sie keinen Lärm und keine hastigen Bewegungen!« und »Hände weg! Auch kleine Affen können empfindlich zubeißen!«. Zusätzlich zu den Texten waren auf diesen Schildern Bilder angebracht, die u.a. einen blutenden Finger sowie einen brüllenden Affen symbolisieren. Na, wenn das mal keine ordentlichen Warnhinweise waren … (Landgericht Magdeburg)

Crash mit Eichhörnchen ist kein Wildunfall

Eine Autofahrerin kam ins Schleudern und zerstörte dabei ihr Auto. Die Fahrerin behauptete, dass kein Fahrfehler vorgelegen habe, sondern ihr Auto mit einem »Jagdwild« zusammengestoßen sei. Unfälle mit Jagdwild werden von den Versicherungen als unvermeidbar eingestuft, alle daraus resultierenden Schäden im Regelfall ersetzt. Da der Pkw aber keinerlei offenkundige Kollisionsspuren mit einem Wildtier aufwies, warf die Versicherung der Frau einen Fahrfehler vor und zahlte statt der verlangten 7000 Euro nur 1000 Euro. Daraufhin wurde vom Gericht eine DNS-Analyse am Fahrzeug veranlasst. Ein Sachverständiger stellte in der Tat Fellanhaftungen fest, allerdings war es mit dem »Wildtier« nicht weit her: Es stellte sich heraus, dass ein kleines Eichhörnchen gegen das Auto gerannt war. Eichhörnchen aber gehören nicht zum Jagdwild, weshalb die Klage abgewiesen wurde. (Landgericht Coburg)

Das Schwein in der Mietwohnung

Ein Haustier etwas ungewöhnlicher Art hielt sich eine Mieterin in Berlin: Bei dem Vieh mit dem bezeichnenden Namen »Schnitzel« handelte es sich nämlich um ein Schwein.

Ihr Vermieter, der das Schwein aus der Wohnung klagen wollte, unterlag jedoch vor Gericht. Solange von dem Tier keine Belästigungen für die übrigen Hausbewohner oder sonstige Beeinträchtigungen ausgingen, dürfe der Vermieter die Zustimmung zu dessen Haltung in der Wohnung nicht verweigern. Per Beweisaufnahme hatte sich das Gericht eingehend davon überzeugt, dass von »Schnitzel« keine derartigen Beeinträchtigungen ausgingen. Auch der einst im Treppenhaus wahrzunehmende Schweinegestank sei nun beseitigt, da die Mieterin mittlerweile in der Lage sei, das Schwein »ohne weitere Belästigungen« zu halten. Stellt sich die Frage, ob »Schnitzel« nun täglich parfümiert wird und eine desodorierte Katzentoilette benutzt ... (Amtsgericht Köpenick)

Wenn jemand mehr als einen Vogel hat

Eine Grenze fand das richterliche Tierverständnis in folgendem Fall: Da hatte sich ein Mieter in einer Zweizimmerwohnung an die hundert Vögel gehalten und diese dort frei umherfliegen lassen. Bei einem so »umfangreichen Vogelpark« in einer Wohnung dieser Größe seien aber derart negative Auswirkungen auf die Mietsache zu befürchten, dass der Vermieter nach erfolgloser Abmahnung zur fristlosen Kündigung berechtigt sei. (Landgericht Karlsruhe)

Die Schlangen- und Mäuse-WG

Hier noch ein Fall, in dem die Liebe zu etwas ungewöhnlichen Tieren die Gemüter der Nachbarn erregte: Eine Tochter hatte in der ca. 80 Quadratmeter großen Eigentumswohnung ihrer Eltern ganze elf Schlangen gehalten. Darunter z.B. auch drei »winzige« Boas von ca. zwei Metern Länge. Und damit auch gleich für deren Futter gesorgt war, wurden zusätzlich stets ca. 24 Ratten und Mäuse gehalten, die das Mädchen in der Wohnung selbst züchtete.

Diese Zustände wollte die Eigentümergemeinschaft nicht länger dulden und bekam vor Gericht recht. Denn nach unseren »tradierten soziokulturellen Vorstellungen« sei die Haltung von Schlangen und als Lebendfutter dienenden Ratten mit einem ordnungsmäßigen Wohnen in einer Wohnungseigentumsanlage nicht zu vereinbaren, so die Richter. Schlangen gehörten nämlich nicht zur »allgemeinen Lebensführung«, sondern würden üblicherweise nur außerhalb von Wohnungen in Tiergehegen oder bei speziellen Darbietungen zur Kenntnis genommen. Ratten und Mäuse verbinde man zudem eher mit unsauberen Gefilden und halte sie gemeinhin für Krankheitsträger. (Oberlandesgericht Frankfurt am Main)

Der traumatisierte Künstler-Wellensittich

Eine Künstlerin als Frauchen zu haben, verhalf einem Wellensittich zur Teilnahme an folgender doch eher speziellen Performance: Bei einer ihrer Darstellungen hatte die Dame ein Goldfischglas einige Zentimeter hoch mit einer leckeren Masse aus zerschlagenen Eiern und Wurstresten (!) gefüllt. Symbolisch für »leidende Menschen« setzte sie anschließend ihren Wellensittich in diese Mischung, sodass der bis zum Rücken von der Eimasse bedeckt war. Anschließend wurde das Glas unter den Klängen der Nationalhymne fünf bis zehn Sekunden hin und her geschwenkt und dann auf dem Fußboden abgestellt. Der Vogel hüpfte schnellstmöglich aus dem Glas heraus, wo er von Helfern aufgenommen und dann in einem Waschbecken gereinigt wurde.

Gegen die Künstlerin wurde daraufhin eine Geldbuße

verhängt, da sie das Wohlbefinden eines Tieres erheblich beeinträchtigt habe. Dadurch, dass die Federn des Wellensittichs durch die Eimasse verklebt und der Vogel flugunfähig gemacht wurde und anschließend auch noch den Strapazen des Säuberns ausgesetzt war, seien bei dem Tier Angstgefühle verursacht worden.

Die Dame legte dagegen Einspruch ein und wurde freigesprochen. Argument: Diese kurzfristige Minderung seines Wellensittich-Wohlbefindens sei für den Vogel »keine gravierende Beeinträchtigung« gewesen. (Oberlandesgericht Frankfurt am Main)

Wann ist ein Kuhfladen wirklich beseitigt?

Mit dieser ungewöhnlichen Frage musste sich ein Gericht beschäftigen, das einen Vertrag unter Nachbarn auszulegen hatte, die sich ursprünglich darauf verständigt hatten, dass derjenige, der Vieh über die Straße treibt, die dadurch entstehenden Verschmutzungen zu beseitigen hat. Ein Nachbar war der Ansicht, es genüge, die Kuhfladen mit der Schaufel zu entfernen. Seine Vertragspartner waren anderer Meinung und verklagten ihn, als er uneinsichtig blieb. Das Gericht entschied, dass zwar nicht alle ungewöhnlichen Verfärbungen als Verunreinigungen anzusehen und zu beheben seien, doch verlangt werden könne, dass Anhaftungen stets gründlich mit einer Kehrmaschine und nicht nur mittels einer Schippe beseitigt werden. (Landgericht Köln)

Es kann der Frömmste nicht in Frieden leben …

Drama im Froschteich – Nachbar ärgert sich über quakenden Frosch und erschießt den völlig unschuldigen Knötti

Andreas van Straelen ist stolzer Besitzer von etwa 30 Fröschen, darunter Teich-, Gras-, Spring- und Moorfrösche. Leider hat direkt neben ihm ein Froschhasser sein Zuhause. Sein Nachbar kann den Froschtick nicht verstehen, ihn nervt das nächtliche Quaken der Kröten, die es locker mit dem Lärmpegel eines Rasenmähers aufnehmen können. In der Nacht zum 2. Juli 2010 hörte van Straelen Schüsse vom Nachbarbalkon. Am nächsten Morgen fand er seinen Frosch Knötti tot auf, das Einschussloch einer Luftgewehrkugel im Rücken. Van Straelen rief die Polizei, Knötti brachte er in seine Tiefkühltruhe, um ihn als Beweismittel für den nachfolgenden Strafprozess zu konservieren. Seinen Nachbar zeigte er an. Der Nachbar wurde schließlich wegen unerlaubten Waffenbesitzes verurteilt. Vom Verstoß gegen das Tierschutzgesetz wurde er freigesprochen, der Nachbar hatte zu Protokoll gegeben, sich den Tod des Frosches nicht erklären zu können, er habe jedenfalls nicht geschossen, und der Richter hatte keine Lust, eine Obduktion des tiefgefrorenen Knöttis anzuordnen. Besonders tragisch an dem Fall ist, dass es mit Knötti nun wirklich einen Unschuldigen traf, da Knötti an einem seltenen Gendefekt litt und er gar nicht quaken konnte. Immerhin, Knötti war das einzige Opfer des nächtlichen Feuerüberfalls, alle anderen Frösche kamen mit dem Leben davon, ein weiterer Teichbewohner wurde aber beim nächtlichen Feuerüberfall angeschossen, er verlor dabei einen Froschschenkel und hört jetzt auf den Namen Ahab. Van Straelen hat ihn nach dem einbeinigen Kapitän benannt, der gegen den Wal Moby Dick kämpfen musste. (Amtsgericht Krefeld)

Klage auf Abriss einer »störenden« zwölf Quadratzentimeter großen Ecke

Das Brandenburger Oberlandesgericht musste sich aufgrund der Klage mehrerer Eigentümer eines Waldstücks mit der Frage befassen, ob der Abriss eines zwölf Quadratzentimeter umfassenden, auf das 300 Hektar große klägerische Waldgrundstück bei Templin ragenden Teils einer Hausecke verlangt werden kann. Das Landgericht Neuruppin hatte zuvor den eckenbesitzenden Nachbarn dazu verurteilt, diesen etwa briefmarkengroßen Teil seines Hauses zu entfernen. Die Berufungsrichter wiesen die Klage ab. Der mit dem Abriss verbundene Aufwand stehe »in einem groben Missverhältnis zu dem dadurch zu gewinnenden Vorteil« für die Eigentümer des Waldes. Diese hatten behauptet, den vom Nachbarn zu Unrecht für seinen Hausanbau beanspruchten Platz für den Abtransport von Holz nutzen zu wollen. Dies wies das Gericht als unglaubwürdig zurück, weil gleich daneben ein sieben Meter breiter Weg liege. Immerhin, von einer Befassung des Bundesgerichtshofs mit dieser Frage ist bislang nichts bekannt geworden. (Oberlandesgericht Brandenburg)

Riskante Nachbarschaftshilfe

Bevor er sich für zwei Monate ins Krankenhaus begab, hatte ein Junggeselle sicherheitshalber der Nachbarin seinen Wohnungsschlüssel überreicht. Sie möge die Wohnung bitte »in Ordnung« halten, hatte er noch gesagt. Unter »in Ordnung halten« verstand die gute Frau aber offensichtlich etwas ganz anderes: Sie räumte erst einmal gründlich auf und ließ dann gleich mehrere Möbelstücke, darunter zwei Sofas und eine Polstergarnitur, von der Sperrmüllabfuhr abholen. Denn diese seien vergammelt, verstümmelt und verrostet gewesen. Dass der Mann bei seiner Rückkehr aus der Klinik darüber nicht allzu erfreut war, ist wohl nachvollziehbar. Und so verurteilte das angerufene Gericht die Frau auch zu einer Schadensersatzzahlung für die verschrotteten Gegenstände. Denn selbst wenn sie die Aktion zwar menschlich gut gemeint habe, so sei eine solche »Zwangsbeglückung« doch juristisch nicht zu rechtfertigen. (Landgericht Osnabrück)

Das Leben der anderen …

… möchte man oft gar nicht so genau kennen. Zumindest war dieser Auffassung eine Mieterin, die in der über ihr gelegenen Wohnung eines Tages neue Nachbarn bekam. Da diese beim Einzug die bisher frei stehende Badewanne durch eine Einbaubadewanne ersetzten, übertrug sich fortan leider beim Baden der Nachbarn jedes Geräusch in die darunterliegende Wohnung. Und das beschränkte sich nicht nur auf die Geräusche von Wasserplätschern oder dem Umdrehen in der Badewanne, nein, die Frau konnte auch wahrnehmen, wenn »die Obermieter Darmwinde in der Badewanne abgehen ließen«. Erschwerend kam hinzu, dass die Mieter von oben ihr Bad bevorzugt in der Früh gegen 4.30 Uhr nahmen. Deshalb und noch wegen weiterer Mängel zahlte die Frau daraufhin nur noch eine verminderte Miete.

Zu Recht, wie auch das Gericht fand, denn die Geräusche rechtfertigten insbesondere wegen ihres »intimen Charakters« eine Herabsetzung der Miete. (Amtsgericht Neuruppin)

Kündigung, weil der Vermieter schnarcht

Das Schnarchen seines über ihm wohnenden Vermieters hatte der Mieter zwar nie gehört, nun aber traute er seinen Ohren nicht: Seine Wohnung wurde ihm wegen Eigenbedarfs des Vermieters gekündigt. Denn dessen krankhaftes Schnarchen habe nun derartige Ausmaße angenommen, dass er einen der vermieteten Räume als Schlafzimmer für seine Ehefrau benötige. Zwar habe die Gattin bereits versucht, nachts auf die Wohnzimmercouch auszuweichen, dort fände sie jedoch keine gute Nachtruhe, und der Schlafmangel führe nun bereits zu gesundheitlichen Problemen. Die Eigenbedarfskündigung wurde für wirksam erklärt. (Landgericht Koblenz)

Beim Sex nach 22 Uhr an die Nachbarn denken

Dieser Verhaltensgrundsatz resultiert aus dem Bundesimmissionsschutzgesetz. Geräusche beim Sex werden nach dieser Vorschriftensammlung nicht anders behandelt als andere Lärmquellen wie zu laute Fernseher oder Partys. Wer keinen Ärger mit den Nachbarn will, sollte das bedenken. Hiergegen verstieß ein Pärchen aus Ronnenberg und rief die lärmgeplagte Nachbarin auf den Plan. Zur Vorbereitung einer Unterlassungsklage bei Gericht protokollierte die 41-jährige Ronnenbergerin diverse Verstöße gegen das Lärmschutzgesetz, so z.B.: »2.46 – 2.50 Uhr: Bettgeräusche, Stöhnen von beiden, um 2.48 fragt sie: ›Was denn?‹ Danach nur Stöhnen von ihr. Nach Erreichen des Höhepunktes sagt er: ›Alter.‹« Vor Gericht waren die redseligen Störenfriede dann ganz kleinlaut: Die Lärm verursachende Marktangestellte und der Gastronom versicherten dem Richter, freiwillig für eine kurze Zeit Zimmerlautstärke einzuhalten und anstößigen Radau zu unterlassen. Denn schon in Kürze wollten sie sowieso in eine andere, schallgeschützte Wohnung ziehen. (Amtsgericht Wennigsen)

Noch mehr kuriose Fälle aus Deutschland

Abgewiesene Klagen mit dem Argument: Darauf hätte man auch selbst kommen können

Überraschende Rutschgefahr am Skilift

Eine Frau aus Bayern brachte ihre Tochter zum Skikurs. Auf dem Rückweg vom Skilift rutschte die Mutter auf einer verschneiten Stelle aus. Weil sie sich dabei die Hand brach, verklagte sie die Gemeinde auf 2500 Euro Schmerzensgeld. Das Gericht wies die Klage mit der naheliegenden Begründung ab, dass auch in einem kleinen örtlichen Skigebiet keine Pflicht zur Schneeräumung bestehe. Mit glatten Stellen müsse gerechnet werden. Streudienst am Lift könne aus Rücksicht auf die dort häufig anzutreffenden Wintersportler nicht erwartet werden, musste sich die Frau belehren lassen. (Landgericht Coburg)

Im Schwimmbad ist mit Feuchtigkeit zu rechnen

Eine Frau rutschte in einem Schwimmbad auf einer feuchten Stelle aus und verklagte den Betreiber auf Schadensersatz und Schmerzensgeld. Vor Gericht erlitt sie damit Schiffbruch. Die Richter wiesen auf die grundsätzliche Eigenverantwortlichkeit des Menschen hin. In Schwimmbädern sei es nach allgemeiner Lebenserfahrung öfter mal feucht. Ein Putzdienst, der zu den Betriebszeiten regelmäßig Pfützen vor besonders rutschgeneigten Stellen wegwischt, sei nicht einzurichten. (Oberlandesgericht Celle)

Im Sonnenstudio kann man sich verbrennen

Diese für ihn offenbar überraschende Erkenntnis machte ein Mann, der nach eigenen Angaben ein ganz besonderes »Erstes Mal« in einem Solarium erlebte. Als er sich als Anfänger outete, empfahl ihm die örtliche Sonnenbankfachkraft ein spezielles Gerät und eine für ihn nur scheinbar passende Bräunungszeit. Gerät und Dauer waren zu kräftig für den Novizen: Er war nach absolvierter Besonnung gezwungen, einen Hautarzt seines Vertrauens aufzusuchen, der Verbrennungen ersten Grades feststellte. Von den daraufhin eingeklagten 1500 Euro Schmerzensgeld sprach ihm das Gericht immerhin die Hälfte zu. Gerade blasse Kunden, die sich noch dazu als Neulinge zu erkennen geben, haben Anspruch auf fachgemäße Beratung durch das Studiopersonal. Gleichwohl habe jeder Kunde aber die Pflicht, die im Solarium angebrachten Warnschilder und Bräunungstabellen selbst zu studieren und sein Bräunungsverhalten selbstständig darauf abzustellen. (Amtsgericht Mannheim)

Dümmer als die Polizei erlaubt

Der Ausspruch »Polizei! Hey fick dich« aus Diplomatenmund ist keine Beleidigung

Man sollte meinen, dass jemand, der einen Münchner Polizeibeamten derart unfreundlich anspricht und ihm dabei auch noch zur Vermeidung aller eventuellen Unklarheiten den Mittelfinger entgegenstreckt, Ärger zu gewärtigen hätte. Auch Verstöße gegen das Kriegskontrollwaffengesetz sowie Ferrari-Fahrten mit überhöhter Geschwindigkeit, dafür aber ohne Führerschein und mit zwei Promille Alkohol, und das Bespucken des Büroleiters des örtlichen Polizeipräsidenten werden in München üblicherweise nicht gerne gesehen. Es sei denn, man ist der Sohn des libyschen Diktators Gaddafi, der jahrelang in München wohnte und dort angeblich »Studien« nachging. Wegen keines der genannten Delikte wurde er nämlich – unter Hinweis auf seinen »Diplomatenstatus« – zur Rechenschaft gezogen. Weniger Rücksicht auf Status oder Studien als die bayrische Polizei aber nahm das US-Militär. Als der Wüstensohn im April 2011 einen Besuch in Tripolis machte, fiel ihm kurzerhand eine Rakete auf den Kopf.

Der Amtsarsch auf der Postkarte

Weil er vermutlich einen Rotlicht-Verstoß begangen hatte, wurde ein Mann von Polizeimeister (PM) R. angehalten und überprüft. Doch das Treffen stand unter keinem guten Stern – alles in allem missfiel dem Mann der angeblich rüde Ton des Polizisten und überhaupt die Art und Weise, wie dieser vorging. Offenbar hatte der Vorfall den Mann derart aufgeregt, dass er sich in der Folge bemüßigt fühlte, dem PM eine Postkarte zu schicken. Darauf zu sehen: die Rückansicht eines überdicken, feisten Hinterns auf einem für dessen Größe viel zu kleinen Bürostuhl. Darunter war als Text vermerkt: »Konturen eines Amtsarsches (Prototyp), gewidmet Herrn PM R.«. Der Polizeimeister stellte daraufhin Strafantrag wegen Beleidigung. Vor Gericht jedoch gab sich der Postkarten-Versender unschuldig, er habe den PM doch gar nicht beleidigen wollen, sondern vielmehr geglaubt, dieser würde sich an der Karte freuen, wenn er Humor und künstlerisches Verständnis habe.

Der Hamburger Richter sah durch die Postkarte aber die Ehre des Polizisten verletzt, denn spätestens durch die persönliche »Widmung« sei der PM dem in all seiner Unästhetik und Hässlichkeit abgebildeten Menschen auf der Karte gleichgestellt worden. Dennoch wäre er noch bereit gewesen, das Verfahren gegen eine geringe Geldbuße einzustellen, wenn sich der Angeklagte zu einer Entschuldigung gegenüber dem PM hätte aufraffen können. Dazu hatte dieser aber so gar keine Lust, vielmehr bot er in seinem Schlusswort dem Polizisten an, ob er nicht auf seine, des Angeklagten, Kosten einen Kursus der Volkshochschule über Kunst belegen wolle … Da reichte es dem Gericht, und es verhängte eine Geldstrafe in Höhe von 40 Tagessätzen. (Amtsgericht Hamburg)

Polizisten sind im Regelfall des Schreibens kundig

Die Käuferin eines Wohnmobils musste erfahren, dass das gute Stück geklaut war. Eigentümerin wäre sie deshalb nur geworden, hätte sie nachweisen können, dass sie beim Kauf »gutgläubig« davon ausging, der Verkäufer sei zum Verkauf berechtigt gewesen. Genau das sei vorliegend der Fall, gab sie an: Immerhin habe der Verkäufer behauptet, er sei Polizeibeamter. Deshalb habe sie ihm großes Vertrauen entgegengebracht und keinen Anlass für weitere Nachforschungen gehabt, obwohl zugegebenermaßen die Fahrzeugpapiere unvollständig waren und Übergabeort ein Rastplatz zur Abendzeit war. Vor allem aber, so das Gericht, hätte die Käuferin misstrauisch werden sollen, als sich Rechtschreibschwächen des angeblichen Polizisten offenbarten: Wer »FAhRAD-TREGER« und »fierundzwanzieg« schreibe, sei allem Anschein nach kein Polizist, weil man von diesem Berufsstand erwarten könne, dass er die deutsche Rechtschreibung beherrsche. (Oberlandesgericht Koblenz)

Nach Harndrang stehen nun 30 Tage Haft an

Das hatten die Polizisten auch noch nicht erlebt: Eines Sonntagabends konnten sie sozusagen aus der ersten Reihe beobachten, wie ein Betrunkener seine Notdurft in aller Seelenruhe an einem öffentlichen Gebäude verrichtete. Der Mann erleichterte sich nämlich ausgerechnet an der Vorderseite der örtlichen Polizeiwache St. Ingbert. Als die Beamten den offensichtlich alkoholisierten »Wildpinkler« daraufhin ins Innere der Polizeistation baten, um seine Personalien aufzunehmen und ihn wegen einer Ordnungswidrigkeit anzuzeigen, stellten sie fest, dass gegen ihn ein Haftbefehl vorlag. Weil er in einer anderen Strafsache eine gegen ihn verhängte Geldstrafe nicht gezahlt hatte, musste der Mann noch eine Ersatzfreiheitsstrafe von 30 Tagen verbüßen, hatte jedoch den Haftantritt versäumt. Die Beamten brachten ihn daher anschließend in die nahegelegene Justizvollzugsanstalt in Neunkirchen.

High am falschen Ort

Ebenfalls die nötige Vorsicht im Umgang mit einer Polizeistation ließen drei Touristen aus Mexiko bzw. Schweden vermissen. Sie hatten sich erst kurz zuvor bei einer Bahnfahrt kennengelernt und wollten die sich anbahnende Freundschaft mit einem Joint in der Nähe des Münchner Hauptbahnhofs vertiefen. Gerade als sie es sich vor einem in gemütlichem Grün angestrichenen großen Gebäude bequem gemacht hatten und die »Tüte« kreisen ließen, wurden sie auch schon festgenommen. Die jungen Männer hatten sich zum Rauchen ausgerechnet unter eine Überwachungskamera der Toreinfahrt des Münchner Polizeipräsidiums gesetzt. Sie mussten eine Geldstrafe zahlen und durften dann weiterreisen.

Autodiebe wollten ausgerechnet den bestbewachten VW-Bus Deutschlands klauen

Das konnte ja auch niemand ahnen: Vor dem eher unauffälligen Reihenhaus im hannoverschen Stadtteil Waldhausen stand ein ebenfalls nicht weiter auffallender VW-Bus. Als die Übeltäter in den Bus einbrachen, seine Zündung kurzschlossen und sich eilig davonmachten, waren sie sehr überrascht, als ihnen sofort ein ziviles Auto mit Blaulicht folgte. Es handelte sich um die Personenschützer, die Tag und Nacht das Haus des Altkanzlers Gerhard Schröder im

Blick haben. Sie kannten auch seinen VW-Bus und wussten genau, wann der wahre Besitzer drinsitzt, um damit vorwiegend in Urlaub nach Borkum zu fahren. Sie nahmen deshalb sofort die Verfolgung auf, als sich der schröderlose Schröder-Bus in Bewegung setzte. Die entnervten Busdiebe ließen nach nur 500 Meter Wegstrecke das Altkanzlergefährt stehen und setzten die weitere Flucht zu Fuß fort. Hier endete das Polizistenglück. Von den Tätern fehlte jede Spur.

Der Irrsinn nimmt kein Ende …

Vorsicht vor alkoholbedingt inkontinenten Italienern auf dem Oktoberfest

Italiener lieben bekanntlich das Münchner Oktoberfest. Was sie aber offenbar nicht lieben, ist der Weg zu den öffentlichen Toiletten. Die Polizei stellte 2010 einen besorgniserregenden Trend zum sogenannten »Wildbieseln« fest. So pinkelte etwa ein junger Italiener aus La Spezia mit starkem Harndrang kurzerhand an einen Bäckereistand. Ein anwesender, den Vorfall beobachtender Bäckereifachverkäufer fand das gar nicht komisch und antwortete ebenfalls »flüssig«. Er ergriff einen Wasserbehälter und kippte ihn dem Italiener über den Kopf. Wasser mochte der offenbar gar nicht. Er wurde wütend und warf einen Stein nach dem Bäcker, traf aber stattdessen einen mobilen Brezelwagen und wurde schließlich festgenommen. Ähnlich erging es einem Landsmann aus Trento. Er erleichterte sich im Festzelt »Winzerer Fähndl« in einen

Maßkrug. Als ihn ein dies beobachtender Ordner über sein Fehlverhalten aufklären wollte, wurde der Pinkelpott zum Wurfgeschoss. Der Italiener feuerte den Maßkrug auf den Ordner. Der hatte damit wohl gerechnet und konnte sich noch ducken. Gegen die sich anschließende Bissattacke in seinen Unterarm konnte dem Security-Mann dann nur noch die mobile Wiesn-Polizei helfen, die die beiden Wildbiesler im nahegelegenen Wiesn-Kittchen vereinte, das hoffentlich über eine Toilette verfügt.

Grundgesetz abgeschafft?

Der Zwangsversteigerung seines Grundstücks wollte sich ein (im Jahre 1960 geborener) Mann auf besonders bizarre Weise entziehen: Das gesamte Verfahren sei nämlich rechtswidrig, da das Grundgesetz der Bundesrepublik am 17.07.1990 außer Kraft getreten sei. Anschließend teilte er dem Gericht auf ganzen 28 Seiten seine Meinung zur staats- und völkerrechtlichen Situation Deutschlands sowie zu seiner Existenz als »exterritorialer Staatsangehöriger des Deutschen Reichs« mit.

Das ging dem Gericht eindeutig zu weit. In seinem Beschluss formulierte es, dass die von dem Mann beschriebene »deutsche Reichsverfassung vom 19.01.1996« und die »kommissarische Reichsregierung« usw. »ebenso wenig existierten, wie die Erde eine Scheibe« sei. Anderslautende Behauptungen und Rechtsansichten beruhten auf ideologisch bedingten Wahnvorstellungen und würden allenfalls von rechtsradikalen Agitatoren oder Psychopathen vertreten. (Amtsgericht Duisburg)

Nomen est Omen

Chenekwahow, Tecumseh, Migiskau, Kioma, Ernesto, Inti, Prithibi, Pathar, Chajara, Majim, Henriko, Alessandro …

Was Sie hier lesen, ist nicht etwa die Aufstellungsliste der kirgisischen Fußballnationalmannschaft, nein, all diese Namen wollte eine deutsche Mutter ihrem neugeborenen Sohn geben. Als das örtliche Standesamt dies verweigerte, zog die Frau bis vor das Bundesverfassungsgericht.

Jedoch hatte ihre Beschwerde auch dort keinen Erfolg. Denn das Gericht entschied, dass Eltern bei der Wahl des Vornamens ihrer Kinder zwar grundsätzlich frei entscheiden dürften, dieses Recht jedoch eine Grenze finde, wenn eine Beeinträchtigung des Kindeswohls drohe. Und ganze zwölf Vornamen hätten in diesem Fall einen erheblich belästigenden Charakter für das Kind. Es müsse sich die richtige Reihenfolge und Schreibweise der größtenteils ungewöhnlichen Namen merken und würde durch diese immer wieder auffallen. Zudem sei die Selbstidentifikation des Kindes mit zunehmender Zahl seiner Vornamen nicht mehr gewährleistet.

Aus einer Vielzahl von weiteren Urteilen lässt sich zudem ableiten, dass das Wohl eines Kindes u.a. auch dann beeinträchtigt ist, wenn der Vorname lächerlich oder anstößig ist (abgelehnt wurden deshalb Namenswünsche wie Gin, Gastritis, Pepsi-Cola, Pfefferminze, Grammophon, Nelkenheini, Steißlage, Borussia, Mechipchamueh, Verleihnix), ihm »der Geruch des Bösen anhaftet« (also bitte nicht Barabbas, Judas, Satan) oder er Assoziationen zu Personen aus Politik oder Geschichte hervorruft (beispielsweise Lenin, Hindenburg, Che, Bin Laden, Jesus Christus).

Fußgänger kann nicht gegen Auto-Plakettenpflicht klagen

In München darf man zur Vermeidung von Feinstaubbelastung nur noch mit solchen Autos in die Innenstadt fahren, die umweltfreundlich sind und dies durch eine farbige Plakette dokumentieren. Ein Mann klagte dagegen vor dem Verwaltungsgericht und machte geltend, dass die Einrichtung der Umweltzone »unsinnig und diskriminierend« sei. Auch sei der Zusammenhang zwischen Feinstaub und Straßenverkehr nicht schlüssig: Neueste Untersuchungen belegten, dass Feinstaub durch die Sonneneinstrahlung zu den Morgen- und Abendstunden völlig natürlich durch Luftverwirbelungen entstünde. Das Gericht machte kurzen Prozess und wies die Klage ab, ohne sich überhaupt mit der Argumentation des Klägers zu befassen. Grund: Der Kläger kam gar nicht aus München, sondern aus einem rund 80 Kilometer entfernten Ort, und er hatte auch kein Auto, sondern fuhr Fahrrad oder ging zu Fuß. Als Radfahrer und Fußgänger stehe es dem Kläger jederzeit frei, so das Gericht, auch ohne Umweltplakette nach und durch München zu fahren. Damit fehle es schon an der Voraussetzung jeder verwaltungsgerichtlichen Klage, nämlich der Betroffenheit von der angegriffenen Regelung. Es half dem Mann auch nichts mehr, als er hinterherschickte, es könne ja sein, dass er sich einen nicht den strengen Umweltregeln entsprechenden Pkw leihen und Verwandte in der Münchner Innenstadt besuchen wolle. (Verwaltungsgericht München)

Lautes Wassertreten ist verboten

Wer dachte, dass Wassertreten eine eigentlich ruhige Beschäftigung für ruhige Zeitgenossen ist, wird von einer Benutzungsordnung des Kneippbades von Schwabmünchen bei Augsburg eines Besseren belehrt. Obwohl schon Kneipp wusste, dass besonders Wassertreten am frühen Morgen und späten Abend heilende Wirkung zukommt, regte sich Protest. Die Beschwerde eines Anwohners veranlasste das Bürgermeisteramt zu dieser Sperrzeitverordnung der anderen Art. Penibel ist dort geregelt, dass aus Lärmschutzgründen das Wassertreten im örtlichen Luitpoldpark vor 10 Uhr, mittags von 12 bis 14 Uhr und nach 20 Uhr verboten ist.

Kleinkinder dürfen ungestraft Schmuck in die Toilette werfen

Einen unerfreulichen Verlauf nahm ein Familienbesuch für eine Frau. Sie wurde von ihrer Schwester besucht, die ihren dreijährigen Sohn mitbrachte. Der aufgeweckte Kerl spielte ohne elterliche Aufsicht mit seinem zweijährigen Cousin. Alles ging gut, bis einer der beiden aufs Klo musste. Auf dem Weg zur Toilette entdeckten sie den Schmuck der Wohnungsinhaberin im Wert von 4000 Euro und nahmen ihn an sich. Der Ältere zeigte dem Jüngeren dann, was man alles in die Toilette werfen kann: auch die Preziosen der Tante. Diese war wenig erfreut und verklagte ihre Schwester auf Ersatz. Das Amtsgericht Bonn wies die Klage ab. Es habe keine Aufsichtspflichtverletzung der Schwester vorgelegen. Man könne ein Kind in einer vertrauten Umgebung nicht ständig überwachen, ohne dass die frühkindliche Entwicklung hin zur Selbstständigkeit Schaden nehme, zumal die Tante ja auf den Gedanken hätte kommen können, den Schmuck vor dem frühkindlich selbstständigen Schmuckversenker in Sicherheit zu bringen. (Amtsgericht Bonn)

Ist Golf ein Kampfsport?

Mit dieser Frage musste sich das Oberlandesgericht Hamm aufgrund des folgenden Falles auseinandersetzen: Die Klägerin hatte bei einem Golfturnier erfolgreich auf Bahn 9 abgeschlagen und auf dem Weg zu Spielbahn 10 mit ihren Mitspielerinnen an einem Erfrischungsstand haltgemacht. Das nachfolgende Herrenteam konnte die Damen dort jedoch nicht sehen und begann deshalb seinerseits mit dem Abschlag auf Bahn 9. Leider wich der Ball des Beklagten dann ein wenig von der gewünschten Ideallinie ab und schlug nicht auf dem Green, sondern verletzend auf der Hand der Klägerin auf. Da half auch der sofort vom Beklagten abgegebene »golfübliche Warnruf«* nichts mehr. Die Entscheidung, ob der Klägerin wie gefordert Schmerzensgeld und Schadensersatz in Höhe von rund 10.000 Euro zustehen oder nicht, hing im Wesentlichen von zwei Fragen ab. Erstens: Durfte der Beklagte den Ball spielen, obwohl er nicht sicher sein konnte, dass sich die Damengruppe bereits außerhalb der Reichweite von abgeschlagenen Bällen befand? Zweitens: Hatte die Klägerin die erlittene Verletzung eventuell hinzunehmen, da bei »Kampfsportarten« einfach von einer gewissen sport-

* Als Nicht-Golfer mussten wir recherchieren: Man ruft international »Fore!«, was wohl so viel wie »Achtung!« bedeutet.

lichen Härte und leichten Regelverletzungen ausgegangen werden muss?

Zu Punkt eins entschied das Gericht, dass der Beklagte sich vor dem Abschlag sehr wohl hätte versichern müssen, dass sich die Klägerin nicht in Reichweite seines Balles aufhielt. Zu Punkt zwei jedoch wurde festgestellt, dass Golf gerade keine Kampfsportart sei, sondern vielmehr eine »Parallelsportart«, bei der die Klägerin auf die volle Regeleinhaltung ihrer Mitspieler vertrauen durfte. Das Gericht gab der Klägerin damit im Wesentlichen recht, kürzte allerdings den Anspruch aufgrund einer Mitschuld der Klägerin. Schließlich wusste sie, dass in dichter Reihenfolge gespielt wurde und dass manche Schläge eben etwas »verzogen« geraten können, und hätte deshalb auf dem Weg zum Getränkestand die nachfolgende Gruppe im Auge behalten müssen. (Oberlandesgericht Hamm)

Schluss mit lustig. *Ostfriese stellt Strafanzeige wegen Volksverhetzung durch Ostfriesenwitze*

Die Staatsanwaltschaft Osnabrück staunte nicht schlecht über diese Strafanzeige wegen angeblicher Volksverhetzung, die ein ostfriesischer Zuhörer des Radiosenders ffn stellte. Er fand gar nicht witzig, dass der Moderator in der »Morningshow« – seine Komoderatorin stammte aus Aurich in Ostfriesland – Ostfriesenwitze erzählte wie z.B.:

- Warum haben Ostfriesen so einen platten Hinterkopf? Weil ihnen beim Wassertrinken immer der Klodeckel auf den Kopf fällt.

- Wie macht ein Ostfriese Milch warm? Er zündet die Kuh an.
- Warum können Ostfriesen keine Eiswürfel machen? Die Frau, die das Rezept hatte, ist letztes Jahr gestorben.
- Wie fangen Ostfriesen Fliegen? Sie jagen sie auf den Heuboden und ziehen dann die Leiter weg.
- Warum haben die Ostfriesen keine U-Boot-Flotte mehr? Ist am Tag der offenen Tür untergegangen.

Zugegebenermaßen waren die Witze weder neu noch gut, aber die Programmdirektorin nahm es mit Humor: »Randgruppenwitze ecken immer an – vor allem bei den Randgruppen.« Der Anzeigensteller zog seine Anzeige wenige Tage später wieder zurück, nachdem er seinen Anwalt konsultiert hatte. Die Ermittlungen wurden daraufhin eingestellt.

Das große Rechtsquiz, Teil 5

1. Was versteht man unter einem weiterfressenden Mangel?
   a) juristisch für »Kleine Ursache, große Wirkung«
   b) durch Termiten, Holzwürmer oder ähnliche Schädlinge verursachter Bauschaden
   c) fehlgeschlagener Diätversuch

2. Was ist eine Subsumtion?
   a) Teilung von Bienenvölkern verschiedener Eigentümer, die sich unkontrolliert vermengt haben
   b) Unterordnung eines Sachverhalts unter einen Rechtssatz
   c) Unterwerfung unter eine Vertragsvorgabe, obwohl diese sittenwidrig ist

3. Was ist ein Seetestament?
   a) testamentarischer Wunsch, auf See bestattet zu werden
   b) Möglichkeit, während einer Seereise an Bord eines deutschen Schiffes ein Testament durch mündliche Erklärung vor drei Zeugen zu errichten
   c) Pflicht, sein Testament an einem öffentlich einsehbaren Ort aufzubewahren

4. Was sind Rektapapiere?
   a) humoristische Bezeichnung unter Juristen für Toilettenpapier
   b) Begriff aus dem Medizinrecht für die Einwilligungserklärung eines Patienten in eine Darmspiegelung
   c) Wertpapier, in dem eine bestimmte Person als Berechtigter bezeichnet ist

5. Was bezeichnet das Wucherverbot?
   a) Verbot, Pflanzen aus dem eigenen Garten auf Nachbargrundstücke wuchern zu lassen
   b) Haarlängenverordnung bei der Bundeswehr
   c) Verbot der Übervorteilung bei Rechtsgeschäften

6. Was ist ein Selbstvornahmerecht?
   a) humoristische Bezeichnung unter Juristen für Masturbation
   b) Reaktion auf Unzufriedenheit mit der elterlichen Namensgebung
   c) Befugnis, die Vertragserfüllung selbst herbeizuführen

7. Was ist der Hausrat?
   a) beliebtes Gesellschaftsspiel unter Immobilienmaklern
   b) Gebrauchs-, Verbrauchs- oder Einrichtungsgegenstände eines Haushalts
   c) umgangssprachlich für Nagetier

8. Was regelt das Heimgesetz?
   a) Gesetz zur Unterbringung älterer, behinderter und/oder pflegebedürftiger Menschen
   b) Gesetz zur Unterbringung von Waisenkindern
   c) allabendliche Rückkehrverpflichtung von Soldaten in die Kaserne

9. Was ist ein Erblasser?
   a) eine natürliche Person, die ihren Erben durch den eigenen Tod eine Erbschaft hinterlässt
   b) Blasswerden des Zeugen während seiner Aussage vor Gericht (allgemein als Indiz für eine nicht wahrheitsgemäße Aussage zu werten)
   c) Person, die ein Erbe ausschlägt

10. Was bezeichnet der Ausdruck »Schlüsselgewalt«?
   a) Begriff aus dem Strafrecht für den eine Straftat zentral lenkenden Täter (umgangssprachlich »der Drahtzieher«)
   b) beschränkte Vertretungsbefugnis der Ehefrau im Rahmen ihres häuslichen Wirkungsbereiches (mittlerweile überholt)
   c) Recht des Mieters auf Übergabe der Wohnungsschlüssel

Auflösung: 1. a); 2. b); 3. b); 4. c); 5. c); 6. c); 7. b); 8. a); 9. a); 10. b)